여백을 번역하라

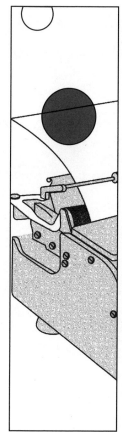
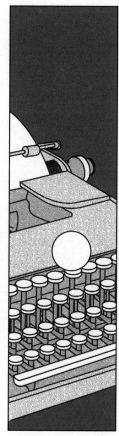

여백을 번역하라

조영학 지음

AaBb...

메디치

프롤로그

몇 년 전, 출판번역 강의를 의뢰하면서 담당자가 이런 질문을 했다. "수강생들한테 뭘 가르칠 생각이세요?" 그때 내 대답은 이랬다. "그 시절에야 다들 마찬가지겠지만 번역을 시작했을 때 나 역시 아무것도 몰랐습니다. 그리고 아무것도 모른다는 핑계로 정말 어처구니없는 실수들을 저질렀죠. 당시 잘못을 반복하지 않게 할 수만 있어도 떠들 얘기는 많습니다." 사실이다. 지금도 초보 시절의 번역서를 보면 얼굴이 화끈거린다. 기회만 있다면 과거 번역서들을 모두 재번역하고 싶을 정도인데 실제로 『히스토리언』은 번역 출간하고 10년쯤 뒤 재출간 의뢰가 들어왔을 때, 출판사에 부탁해서 처음부터 끝까지 다시 번역하기도 했다. 무려 원고지 3,700매였다.(대개 300쪽짜리 책이면 원고지 1,000매가 안 된다.)

번역을 가르치고 배운다? 오래전, 번역수업은 강사와 학원만 배를 불린다는 식의 글을 트위터에서 본 적이 있다.(적어도 내 경우는 아니다. 특히 첨삭강의를 고집하기 때문인데 차라리 그 시간에 번역을 하면 여러모로 이익이다.) 대체로 외국어에 능통하고 우리말을 잘 다루면 번역이야 누구나 할 수 있다고 생각하는 경향이 있다. 어떤 번역 이론서의 뒤표지에도 이런 글이 있다. "번역은 외국어 실력에서 시작하여 한국어 실력에서 완성된다." 틀린 말은 아니지만 언어능력은 번역가가 되기 위한 필요조건일 뿐 충분조건이 될 수는 없다.

나도 번역을 시작하기 전, 영어영문학 박사과정까지 수료했으니 영어 해독 능력이 남부럽지 않을 테고, 또 시문학 잡지 서너 곳에 시 몇 편을 올릴 정도로 우리말에도 자격이 있다고 믿었다. 그런데 막상 번역을 시작해서 오랜 세월이 지난 지금은 오히려 당시의 무지가 서럽고 억울하고 창피할 따름이다. 번역에는 분명 '외국어 더하기 우리말'이라는 공식에 어떤 변수가 더 있어야 한다. 당시의 황망한 실수들은 그 플러스알파가 빠진 데서 비롯했다.

번역은 창작일까? 번역을 업으로 삼다 보면 "번역은 제2의 창작이다", "번역은 반역이다" 같은 얘기를 심심치 않게 듣는다. 아무래도 번역가의 자율성을 인정하고 때로는 작품에 개입하는 시도까지 합리화하려는 개념들이겠다. 번역가로서 번역가의 자긍심을 높이는 말들이니 좋아해야 마땅하겠지만 사실 그런 말을 들을 때마다 불편하고 미안하다. 창작이란 무에서 유를 만들어내는 말 그대로 창조 과정이지만 번역 작업은 기존의 대상을 가능한 한 그대로 모방하는 데 목적이 있다. 제2든, 제3이든 창작과 거리가 멀다는 뜻이다. '번역은 기술이다'라는 개념을 만들어낸 이유도 그 때문이다. 돌을 깎아 똑같은 불상을 재현하려면 조탁 기술이 필요한 것처럼, 번역서를 원서와 최대한 비슷하게 만든다고 해도 당연히 그에 합당한 기술이 필요하다.

꽤 오랜 기간 '번역쟁이'로, '번역선생'으로 살았건만 여전히 "번역은 무엇인가?"라는 질문에 답하기가 만만치 않다. "어떻게 번역할 것인가?"라는 질문 역시 내내 머릿속에서 떠나지 않았다. 지금으로서는 올바른 번역은 무엇보다도 번역을 바라보는 관점과 태도에서 비롯한다고 믿는다. 번역을 직역이라고 보면 직역투 번역이 나오고, 의역이 옳다고 여기면 번역 결과물도 그렇게 될 수밖에 없다(다만 나는 직역도 의역도 오역이라고 믿는다). 사실 얼마 전까지만 해도 번역이란 '외국어 텍스트를 우리말로 우리말 체계에 맞게 변환하는 작업'이며, 번역 텍스트의 '왜곡이나 가감이 없어야 한다'고 생각했다. 그런데 요즘은 조금 바뀌었다. 오히려 "외국어 텍스트를 우리말로 변환한다"는 개념이 번역을 오해하게 만들지 않았나 하는 의심이 들기도 한다.

이 책에서도 설명했지만 이런저런 곁가지를 제거하면 내 주장의 핵심은 바로 번역은 '다시 쓰기(rewriting)'라는 얘기다.* 외국어 텍스트의 내용(의미, 형식, 상황, 비유 등)을 먼저 파악하고 (interpretation), 그 결과를 우리말로 다시 쓰는 과정이라는 뜻이다. 이렇게 될 때 이른바 '번역'해야 할 대상이 단어, 구문이 아니라 텍스트의 의미가 되므로 번역 투에서 완전히 자유로워지고 번역 텍스트가 외국어 텍스트에서 상대적으로 독립하게 된다. 그 경우 궁극적으로 번역 교육은 외국어 교육이 아니라 우리말 교육이자 글쓰기 교육이 된다.

번역이 기술이라면 당연히 표준이 있어야 하고, 그 표준에 따라 번역 기술을 훈련하고 습득해야 한다. 강의할 때 끊임없이 과제를 내주고 첨삭과 피드백을 고집하는 이유도 그 때문이다. 나한테도 학생들한테도 만만치 않은 과제이긴 해도 기술은 반복 훈련을 거쳐 비로소 자기 것이 되기에 포기할 수 없다. 좋은 번역도 나쁜 번역도 습관에서 나온다. 기술이란 머리로 배우고 몸으로 체득하고 습관처럼 써먹는 게 아니던가.

"번역은 기술이다"라고 말하면 번역하는 사람이든 번역을 지망하는 사람이든 이렇게 되묻곤 한다. "그럼 기술만 배우면 모두 일류 기술자가 될 수 있다는 말인가요?" 정말로 기술을 따라 할 수 있다면 번역의 내용과 품질이 같아질까? 앞서 불상의 예를 든 것처럼 현실은 전혀 그렇지 않다. 기술은 시작일 뿐 결과가 될 수

---

*   '다시 쓰기'라는 개념은 1999년 김화영의 논문 「번역이란 무엇인가」에도 등장한다. "번역은 다시 쓰기도 아니고 옮겨 쓰기도 아니고 다만 같이 쓰기다." 쓰임은 전혀 다르다. 김화영은 번역가의 자세, 자격을 논하는 개념으로 썼으며, 다시 쓰기는 번역가의 텍스트 개입을 비판하는 뜻으로 사용했다. 특히 문학번역의 경우, 번역가가 작가의 감수성 등을 공유한 공저자로 기능해야 한다는 말에는 나도 전적으로 동의한다. 그만큼 문학번역이 어렵다는 얘기다. 다만 나는 오로지 기술적이고 방법적인 뜻으로 썼다. 그런 점에서 이 책의 다시 쓰기는 어쩌면 rewriting보다 rephrasing에 가까울 수도 있겠다.

는 없다. 같은 곡도 연주 수준이 천차만별인 것과 마찬가지다. 번역은 기술이라고 개념화한 것은 단순히 기술을 기계적으로 적용한다는 뜻이 아니다. 아무리 열심히 검술을 연마한다 해도 '검도의 길'을 깨닫지 못하면 고수가 되지 못한다. 검도의 길이 있듯 번역의 길이 있다는 얘긴데, 실제로 그런 식의 각성이 있을 때마다 번역은 근본적으로 달라진다. 모르긴 몰라도 동료 번역가들도 한두 번쯤 그렇게 계단식 성장 과정을 거쳤을 것이다. 나로서는 '여백을 번역'하는 과정에서 그 길을 찾았다. 여백이란 기호가 숨을 쉬어야 할 공간인 동시에 번역가의 상상력이 살아나는 공간이다.

책 제목 '여백을 번역하라'는 그간 추구해온 번역을 총정리하는 실천적 개념이다. 번역이 기술임을 인정한다면, 당연히 그 기술은 시대에 부합해야 한다. 포스트모더니즘 시대에 들어선 지 벌써 반백년이 넘었건만 우리 번역 현실은 아직 고전주의에서 벗어나지 못했다는 생각이 든다. 그리고 그 중심에는 '기호=의미'라는 고전적 등식이 자리 잡고 있다. 하지만 의미는 기호가 아니라 문맥이 결정하며 문맥은 기호에 기호를 둘러싼 상황을 더한 개념이다. 기본적으로 기호는 그 자체의 문법 안에서만 생명력을 유지하므로, 우리말 체계에 맞지 않는 표현은 최대한 삼가야 한다고 믿는다. 번역의 여백이란 문법체계 외에도 우리말 습관, 상징, 비유 등을 포함한 매우 포괄적인 의미다. 이 책이 말하는 '글쓰기로서 번역', 즉 글맛과 글멋까지 번역하기 위해서도 무엇보다 중요한 개념이다.

번역은 정교하고 정밀한 작업이다. 교정을 하다 보면 단어나 표현의 미세한 차이, 쉼표의 미묘한 숨결, 음절의 개수까지 하나하나 번역자의 심경을 건드린다.(물론 이상적인 수준의 이야기다. 실제로는 마감, 생계 등의 이유로 어느 정도 현실과 타협이 불가피하다.) 얼마 전 '구글 번역기의 위협'이라는 주제로 친구들과 논쟁을 벌였다. 과학자 친구들은 빅 데이터의 위력을 강조하지만 오랜 시간 번역을 업으로 삼아 살아온 처지에서 보면 아무리 번역기 성능이 발달해도 인간의 감수성까지 따라잡을지 여전히 의문이 든다. 출판번역은 글의 뜻뿐 아니라 글맛, 글멋까지 감안해야 하는데 과연 번역기가 (멀지 않은 시기에) 독자의 눈높이를 만족시킬 수 있을까? 그렇지 못할 경우, 즉 번역기 번역이 판독 수준에 그칠 경우, 누군가 원문을 대조하며 문장을 다듬고 표현을 바로잡아야 할 텐데 경험에 비추어볼 때 그 시간과 노력 또한 번역 과정에 못지않다.

인공지능 번역이 등장하면서 번역계의 미래가 어둡다고들 하는데 내 생각은 다르다. 후일 인공지능이 제 기능을 다하기 위해서라도 제대로 훈련한 번역가는 더 필요할 수밖에 없다. 번역의 표준화도 필요하고 또 그 표준에 기반한 번역 데이터도 충분히 있어야 하기 때문이다. 요컨대, 인공번역의 필요성을 깨닫는 순간, 번역가의 수요와 신분보장은 더욱 시급할 수밖에 없다. 인공번역이든, 전통 번역이든, 우리나라 번역의 미래를 결정하기까지, 어떤 번역 방식을 표준으로 정할 것인가 하는 고민은 더 많아져야 한다.

이 책은 번역 이야기인 동시에 번역가 이야기다. Part 1에는 번역가가 되기까지의 얘기와 번역가가 되고 나서의 이런저런 경험들, 번역가로서 번역과 번역계를 바라보는 마음 등을 넣었다. 개인의 서사가 포함된 이유는 그렇게 해서라도 번역이 어떤 직업인지, 번역가가 어떻게 사는지 얘기하고 싶었기 때문이다. 번역 강의를 하면서 번역 기술 이상의 얘기가 필요하다는 사실을 깨달았다. 학생들은 어떻게 번역가가 되는지 알고 싶어 하고, 번역가가 어떤 존재인지 궁금해하고 심지어 얼마나 버는지, 편집자와 관계는 어때야 하는지 따위를 물었다. 번역은 혼자와의 싸움이자 대화이지만 동시에 출판이라는 복잡한 과정의 일부다. 더욱 섬세한 조율과 조망이 필요할 수밖에 없다. 비록 내 사소한 경험이나마 여러분의 번역 인생에 조금이라도 도움이 되길 바란다. Part 2에서는 주로 기술적인 이야기들을 했다. 그동안 번역을 하고, 번역을 가르치면서 느꼈던 대로 이른바 '번역론'을 풀어놓았다. 그 밖에는 부록을 두 가지 실었다. 첨삭 수업의 노하우와 실례들을 담고 내가 쓴 역자 후기 다섯 편을 골라 실었다. 역자 후기는 번역가가 독자와 직접 만나는 흔치 않은 소중한 기회다.

지난 7년간 수강생 수백 명과 만나고 대화하면서 제일 많이 배우고 변한 사람은 바로 나다. 당연히 나여야 한다. 출판사의 의뢰를 받아 번역을 하고 교정을 보고 옮긴이 후기만 써대던 사람에게 '번역이란 무엇인가?' 같은 형이상학적 고민을 하게 만들고,

번역가로서 지난 세월을 돌아보게 해주었다. 15년간의 번역 인생이 하나도 아쉽지 않은 것도 온전히 그들 덕분이다. 그들 덕분에 번역가로서 내 삶을 하나하나 되돌아볼 수 있었다. 그들과 마음에서나마 나란히 걸으며 도란도란 얘기하고 싶었다. 그렇게 걸으며 살아온 얘기, 번역 얘기를 하다 보면 아, 번역이란 이런 거구나 하고 공감할 것 같았다. 그런 심정으로 글을 써내려갔다. 번역을 가르치기보다 번역을 이야기하고 싶었다.

2018년 8월
남양주에서

차례

Part 1
번역가의 세계

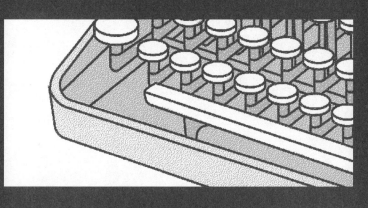

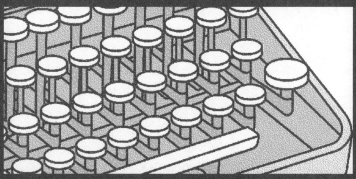

1장____번역의 모험

번역가가 되고 싶어요

경기도 남양주시 불암산 자락 어느 작은 사글세방. 보증금 100만 원에 월세 10만 원. 오랜 대학강사 생활을 때려치우고 나와 번역가가 되겠다며 작업실이랍시고 얻은 곳이다. 사실 지금도 이해되지 않는 부분이다. 그때가 1997년이니까 결혼하고 불과 2~3년. 변변찮은 살림에 아이까지 있건만 아내는 어쩌자고 내 터무니없는 일탈을 받아들였을까? 시간강사이기는 했지만 그나마 얄팍한 강사비마저 없으면 생활이 빠듯할 수밖에 없었을 텐데. 하기야 내가 불쌍해 보이기는 했을 것 같다. 김영삼 정부의 국제화 여파에 따라 영문학 국내학위로는 교수임용이 거의 불가능한 시절이었다. 어차피 주야장천 시간강사로 대학을 전전하다 늙어갈 팔자가 아닌가. 예전부터 소원이라고 했던가? 번역가? 그래, 어디 시도라도 해보라지! 모르긴 몰라도 그런 심정이었을 것이다.

나는 그 방에 전화기도 놓고 PC통신도 신청했다. 이제 번역 의뢰만 받으면 만사 오케이…… 아, 계획 하나는 있었다. 중고책방에서 우연히 손에 넣은 *50 Great Horror Stories*(by John Canning)를 번역해서 출판사에 가져가 담판을 지을 참이었다. "무지무지 재미있는 책이올시다. 당장 출간계약을 합시다."…… 망할, 재미있기는 개뿔, 번역을 해갈수록 책은 내 취향과 멀어졌다. 치가 떨리고 오금이 저리는 공포를 기대했건만 그저 밋밋하고 고리타분한 옛이야기 수준이었다. 번역을 마친다 해도 문제였다. 당시는 출판과정에 무지했기에 저작권 따위는 생각지도 못했다. 돌이켜 보면 정작 죽어라 고생만 하고 출간은 헛된 꿈이 될 수밖에 없었다. 당연한 얘기지만 그동안 어디에서도 번역 의뢰는 없었다.(세상에, 누가 나를 알고 책을 갖다 바친단 말인가?) 번역거리가 하늘에서 뚝 떨어지지도 않았다. 결국 1년 동안 마을버스로 통근 아닌 통근을 하며 번역과 관련해 내가 한 일이라고는 작은 가톨릭서적 대역 한 권 번역, 인생이 불쌍타며 선배가 물어다준 기업 홍보 비디오테이프 한영 번역 몇 편이 고작이었다. 더군다나 나중에 두 손 두 발 다 들고 나올 때는 엉뚱하게 사글세 보증금 100만 원마저 날려버렸으니 그야말로 1년 고생 도로아미타불이 되고 만 셈이다.

난 (남들보다) 쉽게 번역가가 되었을까? 그 말은 맞기도 하고 틀리기도 하다. 대학 2학년, 지도교수가 장래 희망 직업을 물었을 때 자신 있게 문학번역가가 되고 싶다고 대답하고도 무려 20년 가까이 다른 세상에서 놀았으니 쉽게 소원을 이룬 것은 아니리라. 그렇다고 문학번역가가 되려고 노력다운 노력을 한 적도 없다. 이따금 아르바이트로 번역 일을 하거나 대역작업을 하는 정도였다. 요즘 같으면 나 같은 강사라도 쫓아다니며 번역 실력을 검증받아 어떻게든 데뷔라도 하려 애쓰겠지만 당시는 번역을 가르치는 곳도 없었거니와 나도 요령부득이라 멍하니 하늘만 바라보며 단감이 떨어지기만 기다렸던 것 같다. 어쨌거나 1년여에 걸친 '번역가 데뷔 실험'은 완전히 실패로 끝나고 나는 다시 시간강사로 돌아가 예전처럼 대학생들에게 영문학과 영어를 가르치며 지냈다.

번역가에 재도전한 것은 그로부터 6~7년쯤 뒤였다. 그동안 시간강사 일만 하지는 않았다. 사이버대학 설립을 노리는 회사에 들어가 대학 구축팀 소속으로 일도 하고 얼마간은 출판사에 취직도 했다. 그러고 보면 뭐든 돌파구를 노렸던 모양인데 실제로는 그마저 운이 좋지 못했다. 사이버대학은 인가를 받지 못했고 출판사는 입사 후 2년도 채 되지 않아 사양길에 접어들고 말았다. 대학선생 생활도 희망이 없었지만 취업운도 지독히 없던 시절이었다. 지금도 가끔 그때 생각을 한다. 출판사가 문을 닫지 않고 그럭저럭 장사를 계속했으면 어떻게 됐을까? 무협지, 무협만화를 만드는 회사에서 쥐꼬리만 한 월급을 받으며 지금껏 버텨내고 있을까? 그럴지도 모른다. 아내도 직장에 계속 다니기를 바랐을 테고 대안이라야 어차피 대학에 돌아가 다시 시간강사 자리를 구걸하는 것뿐이었으니 나도 굳이 사표 낼 생각은 하지 않았으리라. 하지만 회사는 문을 닫을 지경이었고 나로서도 뭔가 결단이 필요했다. 한때 전국적인 신드롬을 일으켰던 『시크릿』에 이런 구절이 있다. "Little did I know at the time, out of my greatest despair was to come the greatest gift(돌이켜보면, 내가 가장 절박했을 때, 비로소 최고의 선물을 받을 수 있었다)." 내 경우가 딱 그랬다. 당시는 신세가 하도 서러워 자살까지 생각했으니.

출판사 사세가 기울면서 사표를 낸다, 안 된다로 아내와 실랑이가 끊이지 않았다. 아내 처지도 충분히 이해가 갔다. 벌써 어린아이가 둘이었다. 비록 강사비보다 못한 수준의 박봉이지만 그마저 사라질 판이니 왜 겁이 나지 않았겠는가? 회사를 그만두면 딱히 갈 곳이 있는 것도 아니었다. 기껏해야 학교로 돌아가 다시 시간강사 자리를 구걸해야 할 텐데, 물론 누군가 나를 위해 자리를 마련해놓았을 리도 없었지만 당시 심정으로는 그 생각만으로도 정말 죽을 맛이었다. 또다시 기약 없이 시간강사로 늙어야 한다고? 말 그대로 사표를 내든, 내지 않든 막다른 골목이었다. 아내와 사이가 나빠진 것도 그즈음이었다. 나는 나대로 상황을 이해하지 못하는 아내한테 섭섭해 매일 밤 술에 만취해서 하소연하거나 시비를 걸었고, 아내는 그런 나한테 조금씩 지쳐갔다. 마침내 사표를 내라고 허락한 것도 자포자기 심정에서였으리라. 그래서일까? 난 아내 생각을 하면 지금도 미안하기만 하다. 결혼 후

제대로 돈을 벌어다준 적도 없고 집안일에 도움이 되지도 못했다. 그런데 고생이란 고생은 다 시켰으니…….

번역가가 되겠다고 방까지 빌려 1년 동안 아등바등한 적도 있건만 정작 번역가 데뷔는 의외로 쉽게 했다. 솔직히 너무나 쉬워서 허망할 정도였다. 이럴 줄 알았으면 진작 출판사 문부터 두드렸을 텐데. 마침내 사표를 내고 고용안정센터에서 실업급여를 받으며 지낼 때였다. 예전에 학교에서 함께 영어를 가르치던 동료가 지금은 전문번역가로 일하는 한정아 선생이다. 그 당시 이미 번역가가 되어『소피의 선택』『속죄』같은 굵직한 번역서를 출간한 터였다. 그가 고맙게도 출판사에 이메일을 보내 이런저런 사람이 있는데 한번 테스트할 수 있는지 문의해주었다. 그 뒤로는 일사천리였다. 출판사 지시대로 소설 일부를 테스트 번역을 해서 보내고 얼마 뒤 출판사에서 함께 일해보자며 답신이 온 것이다. 아, 당시 기분이란! 드디어, 드디어 꿈에도 그리던 소설 번역가가 되다니!

번역가가 되는 길은 지금도 크게 다르지 않다. 직접 원서를 발굴·기획한 뒤 출판사와 담판을 짓는 경우가 아니라면 대개는 주먹구구식으로 연줄에 의존한다. 가장 직접적으로는 출판사 관계자가 지인에게 부탁하거나 그렇지 않더라도 출판사 지인을 통해 소개받는다.

지금 내가 하는 일도 두 번째와 비슷하다. 번역 기술을 전수하고, 유능한 수강생을 이런저런 출판사에 소개해 데뷔를 주선하니 왜 아니겠는가. 번역가가 되고 싶은데 어떻게 하면 되느냐고 묻는다면 난 주저 없이 전문학원을 찾으라고 말한다(당연히 선택은 신중히 해야 한다. 교육보다 교재 판매에 더 열을 올리는 곳도 많기 때문이다). 이유는 두 가지다. 하나는 데뷔할 기회가 생기고 또 하나는 더 나은 번역을 할 수 있기 때문이다.

내가 데뷔할 때만 해도 지금처럼 인터넷이 발달하지 않았기에 출판사에서만 문제 삼지 않는다면 계속 일할 수 있었다. 편집부의 교정과 교열 덕분에 자신의 미숙함과 잘못을 깨닫고 배우고 발전할 수도 있었다. 하지만 지금은 다르다. 영어는 만인의 언어가 되었고 인터넷에는 원문까지 대조해가며 오역과 오류를 지적하는 블로그, 페이스북이 넘쳐난다. 출판사에서도 온라인 카페를 운영하기에 오역, 오류가 심각하면 자칫 번역가로 자리를 잡기도 전에 비난과 비판의 융단폭격을 맞고 산화할 수도 있다. 번역학원은 산화 가능성을 크게 줄여준다. 번역은 단순히 외국어를 우리말로 바꾸는 작업이 아니다. 직접 해보지 않으면 죽어도 알지 못할 함정과 지뢰가 곳곳에 숨어 있기도 하다. 미리 경험해야 미래의 불행을 막을 수 있다.

내 인생의 선택

2009년 『기획회의』에서 '번역과 내 인생'이라는 원고를 의뢰받았을 때 "하늘이 점지해준 천직이 아니라면 이쪽으로는 오줌 눌 생각도 하지 말라"라고 썼다. 그만큼 번역가의 삶이 고달프고 생활은 팍팍하다고 여겼다. 출판계 불황의 여파로 번역료는 늘 제자리걸음이고(오히려 깎이기도 한다), 이따금 떼어먹히는 데다 독자들의 눈높이는 높아져 툭 하면 오역 시비에 시달린다. 그런 데 무슨 덕을 보겠다고 이 고생을 하라고 떠밀겠는가? 그런 내가 지금 번역가 지망생들을 가르치고 데뷔를 도와주는 데는 몇 가지 이유가 있다.

첫 번째는 아무리 말려도 어차피 번역할 사람은 한다. 그래서 이왕 하려면 제대로 하도록 도와주자는 쪽으로 마음을 바꾸었다. 두 번째는 어느새 사람들의 삶이 가파르게 망가지고 있다는 생각에서였다. 불과 몇 년 되지 않은 사이에 실업자는 꾸준히 늘어나고 직장은 비정규직으로 넘쳐나고 정규직은 '사오정' 얘기가 나올 정도로 퇴사 압박에 시달린다. 그러다 보니 번역가의 처우가 나아지지는 않았어도 상대적으로 그럭저럭 괜찮은 직업이 될 수 있겠다는 생각이 들었다. 부지런히 일하면 생계 걱정은 하지 않아도 되고 상사나 사회생활에 치이지 않아도 되며 무엇보다 퇴직 걱정이 없다. 자신한테 능력이 있고 출판사에서 꾸준히 의뢰만 들어오면 80이 넘어도 일할 수 있는 직업이 바로 번역 아닌가⋯⋯. 그래, 그러고 보면 그다지 나쁜 직업은 아니야! 2012년 다시 강의 의뢰가 들어왔을 때 내 기분은 그랬다(2011년에도 의뢰가 있었으나 거절했다). 오랫동안 촌구석에 틀어박혀 번역만 하다

보니 뭔가 소일거리와 소통이 필요해진 것도 이유라면 이유였다.

번역가 지망생 가운데 번역가의 삶이나 수입을 궁금해하는 사람들이 적지 않다. 대답하기가 쉽지 않은 문제다. 운과 능력에 따라 수입과 생활이 천차만별이기 때문이다. 신화 같은 이야기도 여럿 전해진다. 책을 한 권 번역할 때마다 인세가 몇 억씩 떨어진다는 L, 예전에 번역한 책 인세만으로도 삶이 풍족하다는 K, 번역한 책이 이른바 대박이 나는 바람에 번역보다 강연 수입이 짭짤해졌다는 K와 C, 아예 강연자로 변신해 크게 성공한 N, 담당 저자가 큰 상을 탄 덕에 교수 임용에 도움을 받았다는 L……. 그 정도까지는 아니어도 번역가로서 글 솜씨를 인정받아 신문, 잡지에 칼럼을 쓰고 도서리뷰를 겸하는 이들도 적지 않다.

하지만 전설은 전설일 뿐이며 성공담은 대부분 지극히 드문 경우에 속한다. 금전이나 명성 문제라면 나는 운이 좋지 않은 편이다.(독자가 마니아층으로 한정된 장르소설 전문번역가 아닌가!) 예전에 데니스 루헤인의 『운명의 날』을 의뢰받았을 때다. 출판사에서는 소설이 영화로 나온다며 감독이 자그마치 샘 레이미라는 정보를 알려주었다. 나는 그 얘기에 혹해 덥석 인세 계약을 하고 말았다. 샘 레이미가 누군가? 『이블데드』『스파이더맨』 시리즈의 명장 아니던가? 영화는 당연히 국내에서도 개봉될 테고 그 덕분에 인세도 짭짤하게 챙길 수 있으리라 기대했건만 내 예측은 완전히 빗나갔다. 번역하는 동안 샘 레이미가 감독직을 사임하고 영화화 계획도 철회했다는 소식이 들려왔다. 하지만 나 스스로 결정해서 한 계약을 어쩌랴? 나는 울며 겨자 먹기로 번역을 마쳤다. 그 책을 번역하고 내 손에 들어온 돈은 선인세 200만 원이 거의 전부였는데, 무려 원고지 3,500매짜리 대하소설이었다.(하기야 영화화한다고 책이 성공하고 번역자까지 덩달아 잘나간다는 보장은 어디에도 없다.『나는 전설이다』『링컨 차를 타는 변호사』『고스트라이터』『미스트』『1408』등 내가 번역한 원작이 영화가 되어 돌아왔어도 내 손에 떡고물이 떨어진 것은 지극히 예외적인 경우다.)

종종 번역가 지망생들에게 각오부터 하라고 경고한다. 내가 살아본 번역가의 삶은 여전히 여유롭거나 우아하지 못하다. 오히려 고되고 고달프고 골치 아프기만 하다. 오래전 어느 번역입문서 광고에 "월수 400만 원…… 40의 나이에도 뛰어들 수 있는 직업" 운운하는 내용이 실린 적이 있다. 내가 마흔 초반에 뛰어들어 그 이상을 벌었으니 틀린 말은 아니지만 설령 그렇다 해도 월수입 400만 원은 사우나를 들락날락해도 꼬박꼬박 월급 나오는 중소기업 중견간부와는 셈법이 전혀 다르다. 번역자의 능력과 원고 종류에 따라 다르겠지만, 대부분 끈기에 광기까지 더해 미친 듯이 자판을 두드려야 가능한 수준이기 때문이다.

어디 그뿐인가? 다음 의뢰가 들어올지 어떨지 모르는 불안과 스트레스로 시작해서 독자들의 무자비한 오역·오류 시비, 죽어도 오르지 않거나 뒤늦게 지급되거나 때때로 떼이기까지 하는 번역료, 출간도 되지 못한 채 묻혀버리는 번역서들, 소통 부재로 인한 우울증, 운동부족에 따른 직업병 등 번역가들이 치러야 할 고통과 전쟁은 한도 끝도 없다. 매년 번역서 한두 권 내고 번역가 행세를 한다면 모르겠지만 번역가로서 번역만으로 생계를 꾸릴 작정이라면 이 바닥에 뛰어들기 전에 자신한테 남다른 재능이 있는지, 매달 원고지 1,000매 이상을 두드려낼 자신이 있는지, 더 나아가 피 말리는 과정을 (참는 차원을 넘어) 기꺼이 즐길 광기가 있는지 차근차근 따져봐야 한다. 인생을 걸고 도박을 할 수야 없지 않은가.

금전도 명성도 얻지 못했으나 번역가로서 나는 그나마 운이 좋은 편이다(명실공히 끈기와 광기를 모두 겸비한 번역가 아닌가!). 출판사 문을 두드려 첫 번째 번역소설을 낸 뒤로 지금껏 일이 끊긴 적이 없고 지금은 번역가 지망생들을 가르치고 또 능력 있는 친구들을 출판사에 소개해 데뷔하도록 도와주니 하는 말이다(심지어 정말 미쳤는지 번역은 할 때마다 즐겁기까지 하다).

처음 출판사에 찾아갔을 때 담당자는 내게 책을 두 권 내밀며 하나를 선택하라고 하였다. 하나는 영문학과 교재로나 사용할 법한 E. M. 포스터의 소설이고, 다른 하나는 피터 스트라우브의 『고스트 스토리』였다. 나는 두말할 것도 없이 『고스트 스토리』를 선택하였다. 앞서 말했지만, 번역가가 되겠다고 불암산 자락 사글세방에 처박혔을 때 들고 갔던 책도 *50 Great Horror Stories*였을 만큼 나는 유령 이야기를 비롯해 이미 장르소설 마니아였다.

『고스트 스토리』를 번역하는 데는 6개월이 걸렸고 번역료는 고작 300만 원 수준이었다. 시간이 오래 걸린 이유는, 첫 번역이라 요령부득이기도 했지만 나로서는 그 책 한 권에 번역가로서 삶을 걸 수밖에 없었다. 아무튼 인기도 없는 책이라 출간된 뒤 별로 팔리지는 않았으나 번역가로서 내 삶을 열어준 소중한 책이 되었다. 무엇보다 그 덕분에 아직 개념도 생소한 장르소설 전문 번역가로 첫발을 내디딜 수 있었다. 지금까지 소설을 80여 편 작업했는데 대부분이 호러, 스릴러, 판타지, 팩션 등 장르소설인 이유다. 또 하나 『고스트 스토리』가 출간된 후 같은 출판사에서 곧바로 다음 소설 의뢰가 들어오고 다른 출판사에서도 그 소설을 읽었다며 번역을 의뢰했다. 우습게도 그 두 권은 지금껏 내가 작업한 소설 중 가장 많이 팔린 책이 되었다. 하나는 『나는 전설이다』, 다른 하나는 드라큘라의 실존을 다룬 팩션 『히스토리언』이다. 그렇게 나는 번역가, 특히 장르소설 전문번역가로 자리를 잡았다.

내가 번역가의 삶에 만족하는 데는 개인적인 이유도 있다. 앞에서 얘기했듯이 번역가가 되기 전 내 삶은 엉망진창이었다. 학교생활은 미래가 어둡고 직장생활은 즐거움도 재미도 없는 데다 들어가는 회사마다 문을 닫기 일쑤였다. 나는 삶을 비관하며 늘 술에 취해 살았고 부부생활은 이혼, 자살 얘기가 심심찮게 튀어나올 정도로 위기였다. 그런 문제들을 한꺼번에 해결해준 것이 바로 번역이었다.

번역가로 일한 지 1년쯤 되었을까? 문득 번역만으로 승부를 볼 수 있겠다는 자신감이 들었다. 그동안 생활비 등의 걱정으로 여기저기 강사 일을 병행했는데, 마침내 번역 이외의 일을 모두 끊어버렸다. 그리고 가장 먼저 아내를 부엌일에서 해방시켜주었다. 결혼 후 남편 노릇도 제대로 하지 못하고 걱정거리만 안겼는데 비로소 그간의 미안함을 조금이나마 보상해줄 여유와 능력이 생긴 것이다. 아내는 밖에서 일하고 나는 집에 남았기에 당연한 선택이기도 했다. 그로부터 15년, 나는 번역 일을 하면서도 아내를 위해 빠짐없이 밥상을 차리고 집안일을 돌보고 있다. 이 이야기는 '번역가의 하루' 편에서 조금 더 얘기하겠다.

대학원 시절, 지금은 작고하신 지도교수님이 이런 질문을 했다. "사람이 제일 다이내믹할 때가 언제인지 알아? 영학이, 넌 잘 알겠다, 당사자니까." 갑작스러운 질문에 나는 엉겁결에 "좋아하는 일을 할 때"라고 답했다. 하지만 선생님은 고개를 저으며 "아냐, 빼앗겼다고 생각했던 일을 되찾았을 때야"라고 정정해주셨다. 대학원 석사과정을 중퇴한 뒤 몇 년간의 공백 끝에 어렵게 재입학했기에 나온 얘기였지만, 지금의 내게 번역이 딱 그렇다. 빼앗겼다가 되찾은 직업, 빼앗겼다고 생각했던 삶을 되돌려준 존재. 고되고 고달프고 골치 아프기까지 한 직업이지만 지금껏 단 한 번도 후회하지 않고 힘차게 달려올 수 있었던 이유다.

소설 번역, 소설 같은 번역

동갑내기 고참 번역가 L 선생을 처음 만났을 때였다. 내가 소설만 번역한다고 하자 신기하다는 듯 나를 바라보았다. 자신은 평생 소설을 단 한 편 작업했는데 힘들어서 죽는 줄 알았다는 얘기였다. 나로서는 오히려 L 선생이 신기했다. 이따금 어쩔 수 없이 비소설을 번역할 때가 있는데 그때마다 '힘들어 죽겠기' 때문이다. 어느 출판사에서 한꺼번에 책 세 권의 번역을 의뢰한 적이 있다. 왕초보번역가 시절, 당장 번역거리가 아쉬웠건만 그래도 나는 아주 당당하게 소설 한 편(『성형살인』)만 들고 나왔다. 그냥 번역가가 아니라 소설 번역가를 고집할 때였다.

소설 번역가와 비소설 번역가는 다를까? 다르면 뭐가 다르고 같으면 어떤 점이 같을까? 사실 L 선생과 내가 극단적인 예에 속할 뿐 번역가는 대부분 소설, 비소설을 구분해서 일을 받지는 않는다. 아니, 어쩌면 이런 구분 자체가 현재 번역계 상황을 곡해할 수도 있겠다. 번역이 수지맞는 장사가 아니기에 어차피 고급인력으로서 번역가는 그 수가 한정적일 수밖에 없다. 일단 번역 능력이 있다면 기본은 한다는 뜻이니 소설이든, 비소설이든 출판사에서도 믿고 맡기려고 한다. 실제로도 그 편이 안전하고 성공할 확률도 높다. 내가 소설만 전문으로 번역한다는 사실을 알면서도 역사, 심리학, 수필 등의 번역 의뢰가 이따금 들어오는 것도 그 때문이리라. 내가 보기에 소설이냐 인문이냐 과학서냐의 차이는 번역가의 능력보다는 성향과 취향 차이다. 어쩌면 능력에 비해 지엽적인 문제로 보일 수도 있다. L 선생이 소설을 어려워하는 이유도 능력이 부족해서가 아니라 성향이 좀더 인문학적·과학적이기 때문이리라.

다만 소설을 번역하려면 어느 정도 문학적 소양을 갖추었으면 하고 바라기는 한다. 이따금 무슨 얘기인지는 알겠는데 대사는 어색하고 호흡은 거친 번역소설을 만나기 때문이다. 김화영은 문학 번역의 경우 "번역자가 작가의 감수성 등을 공유한 공저자로서 기능해야 한다"라고 했는데 내 생각도 별반 다르지 않다. 이상적인 소설 번역가라면 소설가의 기술과 감수성, 스타일 등을 이해할 수 있어야 한다. 비소설이야 대부분 정보전달에 목적이 있으니 번역도 글뜻 전달에 초점을 두겠지만 소설은 '무엇을 얘기하느냐보다 어떻게 전달하느냐'에 관심이 있기 때문이다. 글뜻보다 글멋, 글맛이 더 중요하다는 얘기다. 소설 번역가 K는 번역한 뒤 큰 소리로 읽으면서 리듬에 맞게 글자 수까지 정리한다고 하지 않던가. 소설 번역에서 번역가의 성향, 취향이 능력만큼이나 중요한 까닭도 여기에 있다. 각종 비유와 은유, 암시, 유머, 아이러니와 역설, 각 캐릭터의 목소리를 읽어낼 수 있는가? 그렇다면 소설을 번역할 자격이 있다. 번역소설은 소설이며 소설은 소설다워야 한다. 독자들에게 소설 읽는 재미까지 빼앗을 수는 없지 않은가.

나는 소설 전문번역가다. 굳이 구분하자면 장르소설 전문번역가다. 지금껏 소설을 80여 편 번역했지만 열에 아홉은 호러, 스릴러, 범죄, 팩션, 판타지 등 이른바 '장르소설' 범주에 속한다(사실 이런 구분에 동의하지 않으나 이 장에서는 편의상 장르소설, 일반소설을 구분한다). 장르소설을 강조하는 이유는 역설적으로 장르소설에 대한 사회인식이 별로 좋지 않기 때문이다. 오래전 M출판사 행사에 초대받아 갔을 때였다. 그곳에서 장르소설가 K를 만나 인사하며 명함을 건넸더니 무척이나 감동하는 눈치였다. 지금은 명함이 없지만 당시만 해도 전문영역을 알릴 필요가 있어서 명함에 일부러 '장르소설 전문번역쟁이'라고 박아넣었다. K의 말에 따르면, 장르소설을 업신여기는 분위기라 가급적 숨기려고 하는데, 명함에 '장르소설 전문'을 밝힐 용기를 내줘 '고맙다'는 얘기였다. 실제로도 그렇다. 해당 출판사에서 장르소설 번역료 기준은 200자 원고지 1매당 2,000원 수준이었다. 인세 2퍼센트가 붙기는 했어도 장르소설이 마니아층을 겨냥하는 터라 인세는 거의 명목에 불과했다. 당시 일반소설 매절 번역료는 원고지 매당 4,000원 수준이었다(지금도 이른바 장르소설은 일반소설보다 번역료가 1,000원 정도 적다). 장르소설은 싸구려 번역에 속하기에 번역도 그 정도 수준이면 충분하다는 인식 탓이리라.

장르소설이 싸구려소설인지는 모르겠으나 번역까지 싸구려일 수는 없다. 장르소설 독자는 주로 마니아층이고 마니아층은 전문가 이상으로 해당 분야에 정통한 경우가 많다. 예를 들어, 법정스릴러는 법조계 전문가를 신경 써야 하고 밀리터리, 메디컬

스릴러는 각각 군사, 의료 전문가를 염두에 두어야 한다. 심지어 로마를 배경으로 하는 소설을 번역할 때면 로마사 애호가들의 검열을 무시할 수 없다. 그만큼 조심스럽고 또 그만큼 공부를 많이 해야 한다는 뜻이다.

스릴러 번역이 뭔지 모를 때 얘기다. 『링컨 차를 타는 변호사』는 두 차례나 퇴짜 맞은 끝에 간신히 통과했는데 이유는 법률 용어를 제대로 소화하지 못했기 때문이다. 그 덕분에 미국 법 관련 서적 몇 권을 골라 읽기도 했으나 지금도 멋진 법정스릴러를 무지한 역자가 망쳐놓았다는 자괴감에서 벗어나기가 쉽지 않다. 『임페리움』은 로마시대의 키케로를 주인공으로 하는 소설이지만 역사적 사실을 왜곡한 데다 로마자 표기까지 틀리는 바람에 한동안 비난을 받아야 했다. 한번은 출판사에서 SF소설을 의뢰하면서 역자를 보호하겠다며 필명을 권유할 정도였으니 SF 마니아도 역시 만만치 않은 독자층이다. 이른바 장르소설은 소설에 의학, 과학, 역사, 경제 등의 지식을 더해야 번역이 가능한 경우가 많다. 그나마 요즘은 검색도 많이 하고 전문가들한테 감수도 받으니 훨씬 나아졌지만, 초기만 해도 멋도 모르고 덤벼들었다가 혼쭐이 난 적이 종종 있다. 장르소설 번역은 절대 만만하지 않다.

장르소설을 번역하면서 가장 영광스러웠던 적은 아무래도 스티븐 킹 소설을 의뢰받았을 때였다. 스티븐 킹이 누군가? 35개 국에 33개 언어로 번역되어 3억 권 이상을 팔아치운 작가, 해마다 1,000억 원 이상을 벌어들이는 작가, 생존작가 중 베스트셀러가 제일 많은 작가, 미국인이 가장 사랑하는 작가, 브람스토커상 등 수상경력이 제일 화려한 작가, 원작이 가장 많이 영화화된 작가…… 스티븐 킹에게 따라붙는 이력과 기록은 이밖에도 무궁무진하다. 1973년 『캐리』 이후 지금껏 스티븐 킹의 작품은 거의 예외 없이 서점의 베스트셀러 코너, 브라운관, 스크린을 차지했고 1990년대 이후로는 고등학교와 대학 강단의 주제로 등장했다. 『샤이닝』『미저리』『쇼생크탈출』『미스트』 등 국내 영화 팬들의 고개를 끄덕이게 만드는 작품도 한둘이 아니다. 명실공히 장르소설의 왕(king)이 아닌가. 역자로서도 독자로서도 그만한 영광이 없었다. 첫 의뢰가 들어온 그날, 나는 아내를 붙잡고 춤까지 추었다.

12년 전, 단편집 『스켈레톤 크루』 1, 2편을 시작으로 인연을 맺은 후 출판사 사정으로 역자가 바뀔 때까지 단편집 두 편(『모든 일은 결국 일어난다 1, 2』『해가 저문 이후』)과 장편집 두 편(『셀 1, 2』『듀마키 1, 2』)을 맡아 작업했다. 지금이야 상황을 모르겠지만 그때만 해도 단일 번역가로는 스티븐 킹을 가장 많이 번역한 사람이기도 했다(단편집으로는 여전히 기록 보유자다). 명색이 '장르소설 전문번역가'인지라 공포소설도 어지간히 번역한 모양이다. 피터 스트라우브의 『고스트 스토리』를 시작으로 리처드 매드슨(『나는 전설이다』), 에드거 앨런 포, 로버트 루이스 스티븐슨, 딘 R. 쿤츠, H. P. 러브크래프트 등은 물론 아이라 레빈, 마이클 코리타 같은 마이너 작가들까지 포함하면 그 수는 훨씬 많아지겠지만, 그 누구도 스티븐 킹의 필력과 특별한 공포를 넘어서지는 못한다. 대가를 넘어서는 문체와 스타일, 치밀한 심리 묘사, 인간의 내면을 꿰뚫는 통찰력 등 스티븐 킹 번역은 말 그대로 장르번역가의 작위나 다름없다. 장르소설 번역가로서 킹을 번역할 때보다 더 빛나는 순간은 영원히 없을 것이다.

번역이 어렵고 번역료가 상대적으로 박하다 해도 장르소설을 손에서 놓지 못하는 이유는 무엇보다 재미있기 때문이다. 어려서부터 스티븐 킹, 딘 R. 쿤츠, 마이클 크라이튼 등의 공포소설을 즐겨 읽기도 했지만 좀비나 괴물한테 쫓길 때의 쫄깃쫄깃한 긴박감, 형사·조폭들의 거친 언행, 존재조차 상상하기 어려운 기물들, 상상을 초월하는 대규모 전투장면 등을 번역할 때면 나도 모르게 엉덩이까지 들먹이며 자판을 두드려댄다. 복잡 미묘한 심리와 인간관계, 작가의 독특한 문체 등 일반소설의 특징과는 또 다른 맛이 분명히 있다. 또 하나 장르소설을 고집하는 이유가 있다면, 내가 제일 잘할 수 있는 분야라고 믿기 때문이다. 나와 12년을 함께 호흡을 맞춰온 장르소설 전문편집자 K는 『악스트』(2017/11/12)에서 내 번역의 최고 장점을 "물 흐르듯 우리말처럼 자연스럽게 읽히는 것"이라고 평했는데 독자들이 내 번역을 좋아한다면 바로 그 점 때문일 것이다. 그런 점에서는 대학, 대학원에서 영문학을 공부하고 한때 시를 짓느니 노래를 만드느니 법석을 떨던 경험이 고마울 따름이다. "소설은 소설답게 번역하라." 수강생들에게 늘 강조하는 말이다.

욕쟁이 번역가

"놀 준비는 된 거냐, 쩐따?"

"니미, 그걸 말이라고 씨부려?"

"거스, 저 병신새끼 봤냐?"

"저 썹새, 엉덩이를 발라버려."

대체 이 냥반은

무슨 한이 그리도 맺히셨길래

이리도 욕지거리에

서슴이 없으시뇨…….

오래전 동료 번역가가 내 번역서『스트레인』을 읽다가 자기 블로그에 올린 글이다. 줄기차게 이어지는 비속어와 욕설에 그만 혀를 내두르고 만 것이다. '욕쟁이 번역가', 범죄소설과 탐정소설을 주로 번역하던 시절 독자들이 내게 붙여준 별명이다. 그동안 얌전하고 엄격하기만 했던 장르소설에 비속어는 물론 찰진 욕설까지 거침없이 쏟아내자 장르소설 애호가들이 환호를 보냈다. 자랑스러운 별명이랄 수는 없겠으나 그래도 초보번역가에게 독자들이 만들어준 별명이기에 내게는 훈장이 따로 없었다.

초창기에 번역서를 낼 때만 해도 거친 표현은 편집부에서 모두 걸러내고 '자식', '녀석', '놈'처럼 밋밋한 표현만 남겼다. 책은 고급스러워야 했고 검열의 칼날은 무서웠다. 책이 고급문화에 속하고 독서가 고상한 유희라는 편견은 여전히 독자와 역자 모두에게 있다. 그 덕분에 좋은 책을 역자의 더러운 입이 망쳐놨다는 비난도 심심찮게 들었다. 데니스 루헤인의 '켄지 & 제나로 시리즈'에 이어 조지 펠레카노스의 소설 두 권이 내 앞으로 떨어진 것도 그런 시절이었다. 책을 검토한 결과는 난감함 자체였다. 비정상적이고 방탕한 삶이 주제요, 걸쭉한 욕설과 비속어가 작가의 문체였기 때문이다. 난 곧바로 출판사에 이메일을 보내 "펠레카노스 소설은 욕설 등 거친 표현을 그대로 살리든가 아니면 출간 자체를 포기해야 한다"라고 주장했다. 대답은 "역자한테 맡긴다"였다. 나는 소설의 주제와 문체를 살리기 위해 혼신을 다했고 출판사는 그 난감한 표현들을 거의 수정 없이 출간했다.

　사실 (믿거나 말거나) 실생활에서는 욕이나 비속어를 거의 쓰지 않는다. 말인즉슨 욕을 잘하는 것이 아니라 욕을 잘 안다는 뜻이다. 욕을 잘 아는 이유는 욕설 등 거친 말이 자연스러운 세계에서 오래 살았기 때문이라고 해두자. 어린 시절을 경기도 어느 기지촌에서 보내기도 했지만 스물여섯 살에 대학교에 입학하기 전 학교는 거의 다니지 못하고(중학교와 고등학교는 검정고시로 대신했다) 활판인쇄, 금은세공, 금은도금, 디스코클럽 디제이까지 이런저런 직업을 전전해야 했다. 욕과 비속어에 무지하다면 오히려 더 이상하리라(벌써 30~40년 전 얘기다. 지금이야 환경이 많이 달라졌으리라 믿는다).

내가 은어, 욕설 등 비속어를 옮기는 원칙은 크게 세 가지로 나눌 수 있다. 첫째는 철저히 우리 언어와 문화의 패러다임을 우선한다. 번역의 궁극적 지향점은 외국어 텍스트나 저자가 아니라 우리나라 독자들이어야 한다는 게 내 믿음이다. 소설을 비롯해 일반 문학의 경우, 창작 목적 자체가 단순히 내용을 전달하는 것이 아니라 독자들의 정서 환기에 있다는 사실을 부인하는 문학가와 비평가는 거의 없으리라. 무엇을 쓰느냐가 아니라 어떻게 쓰느냐가 더 중요하다는 뜻이다. 소설 번역도 다르지 않다. 독자에게 무엇을 전달하느냐가 아니라 어떻게 전달하느냐가 기준이 되어야 한다.

욕과 비속어 번역은 외국어와 우리말의 간극을 어떻게 메꿀 것이냐 하는 문제로 귀결한다. 예를 들어 'shit', 'bullshit', 'shithead', 'fuck shit' 등의 번역은 욕 자체의 표현보다 어느 나이, 어느 계층, 어느 부류가 어떤 상황에서 사용하느냐가 더 중요한 포인트가 된다. 예를 들어 『살인자에게 정의는 없다』의 번역 중 '네 깔치'의 영문은 'your girl', '잡놈'은 'motherfucker'다. 욕을 번역했다기보다는 원문과 상관없이 10대 후반 건달의 말투와 분위기를 살리기 위해 적당한 우리 욕을 찾아 대입했다고 보는 편이 옳다. 비속어 변환은 역자에게 폭넓은 자유와 융통성을 요구한다. 역자의 시선이 '기호' 자체가 아니라 그 기호가 지시해야 할 대상과 상황을 향하기 때문이다. 화두에 인용한 『스트레인』의 비속어 원문 부분을 따로 인용하면 다음과 같다.

"Gotta pay to play, right', mano?"

"Fuck yeah."

…….

"Gusto, you see that shit?"

…….

"Wasted off his ass."

대사의 주인공 거스(Gusto)는 10대 후반의 동네 건달로, 성향이 비슷한 친구와 껄렁거리며 얘기하는 중이다. 하지만 내가 정말로 원한 건 둘의 대화 내용이 아니었다. 그보다는 그 속에서 우리나라 10대 건달의 전형적인 목소리(voice)를 읽어내 우리 식으로 그려내려 했을 뿐이다.

둘째 원칙은 목소리(voice)의 통일이다. 비속어를 사용하는 목적은 궁극적으로 비속어를 쓰는 사람의 성격과 세계를 드러내는 데 있다. 따라서 무엇보다 효과가 중요하다. 비속어의 번역 또는 변환 자체보다 그런 비속어가 나올 법한 상황 전체를 통일성 있게 그려내야 한다는 뜻이다.

초반에 인용한 표현들은 『스트레인』의 주요 조연격인 멕시코 이민자이자 18세 동네건달 '거스' 장에서 발췌했다. 작가는 그에게 몇 개 장(chapter)을 배당해 특유의 시선과 목소리로 주변 상황을 기록하게 하는데, 역시 언어전달 체계와 문화적 차이 때문에 원문을 기계적으로 번역해서는 (우리나라 독자들에게) 이른바 '거스 효과'를 제대로 전달하기가 어려웠다. 나는 장마다 가급적 거스 특유의 거친 표현이 자연스럽게 묻어나올 환경을 미리 구축하려고 노력했다. 예를 들어 다음과 같은 식이다.

거스는 고개를 돌려 옆자리의 가족을 보았다. 디저트는 그냥 남겨둔 채 일어나 나갈 준비를 하고 있었다. 펠릭스 새끼의 시궁창 같은 아가리 때문이리라. 중서부 아이들 표정을 보니 거친 말을 들어보지도 못한 게 분명했다. 망할, 좆까고 있네. 이곳에 오면 애새끼들은 9시 전에 재워야 할 것 아냐. 애들한테 쇼쇼쇼 보여줄 게 아니라면.

Gus looked away and saw a family next to him, rising and leaving with their desserts unfinished. Because of Felix's language, Gus guessed. By the looks of these Midwestern kids, they had never heard hard talk. Well, fuck them. You come into this town, you keep your kids out past nine o'clock, you risk them seeing the full show.

앞서 얘기했듯이, 영어의 비속어는 계층에 따른 분화가 분명치 않다. 위의 영어 텍스트는 건달청년이 아니라 조금 까칠한 동네 아낙네를 대입해도 그다지 어색하지 않을 정도다. 다만 저 문장들에 모두 건달의 목소리를 입혀야 한다고 판단했다. 다시 강조하지만 "What are you talking about?"의 의미가 상황과 필요에 따라 "그게 무슨 말씀이세요?"에서 "병신, 지랄하고 자빠졌네"까지 확대될 수 있으며, 또 그런 자유를 인정하고 보장할 때만 역자들의 자연스러운 비속어 구사가 가능해진다. 그런 예를 조금 더 들어보자. 역시 화자의 성격을 최대한 반영한 예다.

로렌즈는 노스이스트에서 꼬신 여자 집에 있었다. 로렌즈는 깔깔 웃으면서, 포터가 빚을 잊을 때까지 여자 집에 죽치고 있을 거라고 했다. 하지만 디그스가 아는 한 포터는 절대 잊을 인간이 아니다. 어쨌든 로렌즈를 불지 않아 자랑스러웠다. 좆도 모르는 놈들이 그보고 약해빠졌다고 아가리를 놀려대곤 했다.
Lorenze was staying with this girl he knew over in Northeast. Lorenze had kind of laughed it off, said he'd crib with that girl until Potter forgot about the debt. Didn't look to Diggs Potter was the type to forget. But he was proud he hadn't given Lorenze up. Most folks he knew didn't credit him for being so strong.   -『지옥에서 온 심판자』 중

지랄도 풍년이다. 배니스터의 사무실은 우익 골통들의 개지랄 속에서 허우적댔다. 가이는 KKK 놈들이 교회 몇 곳을 폭파했다고 하고 피터는 헤시 리스킨드가 암에 걸렸다고 한다. 보이드의 카스트로 타도 팀은 전천후 정예요원들이며 더기 프랭크 록하트는 정예 무기 밀매꾼이다. 피터는 윌프레도 델솔이 산토 주니어의

마약 거래를 엿먹였다고 했다. 그 개새끼는 의문의 개새끼 또는 개새끼들한테 개박살이 났다.

Bullshit flowed bilateral. Banister's office was submerged in right-wing rebop. Guy said the Klan bombed some churches. Pete said Heshie Ryskind had cancer. Boyd's Clip Castro Team was all-time elite. Dougie Frank Lockhart was one elite gun runner. Pete said Wilfredo Delsol fucked Santo Junior on a dope deal. The fucker got fucked back by fucker or fuckers unknown.　　　　　　　　　　　-『아메리칸 타블로이드』 중

어떻게 들릴지 모르지만 내가 마지막으로 하고 싶은 말은 (우습게도) 비속어와 욕설 사용을 가급적 삼가라는 것이다. 텍스트를 넘어서는 비속어 남용을 억제해야 하며 효과의 연출과 전달 이상의 과도한 표현도 곤란하다. 피치 못할 경우에는 최대한 자유롭고 폭넓게 표현하되 문맥을 넘어선 표현과 의미 없는 남발은 어느 경우에도 바람직하지 못하다. 내가 보기에 이 마지막 원칙이 가장 일반적이면서도 어려울 것 같다. 왜냐하면 정도를 지킨다는 말은 그만큼 경험을 전제로 하기 때문이다. 이따금 번역소설에서 의욕만 앞선 것으로 보이는 과한 표현을 만나는 것도 그런 이유에서다.

　사실 욕쟁이 번역가 훈장이 마냥 좋지만은 않았다. 앞서 언급했듯이, 책에 욕설이 들어가지 않아야 한다고 믿는 사람들도

적지 않다. 언젠가 "입에 걸레를 물고 태어난 쓰레기 번역가"라는 욕도 먹었고, 『임페리움』같이 나름 건전한 역사소설을 읽고는 "그 쓰레기도 차마 이 책에는 욕설을 쓸 수 없었나보다"라는 비아냥도 들었다. 그 글을 쓴 사람들이 이른바 파워블로거라 그다음부터는 출판사들도 긴장해서 다시 검열을 강화하기도 했다. 어떤 번역도 독자를 완벽하게 만족시킬 수는 없다. 무조건 비속어를 싫어하는 사람도 있겠지만 장르소설은 장르소설다워야 한다고 믿는 사람도 당연히 있다. 다시 말하지만 난 후자에 속한다. 소설이 세계의 반영이라면 실제 분위기를 개연성 있게 그리고 성실하게 전하는 것 또한 번역자 몫이다. 욕설과 비속어를 사용하는 까닭은 내가 '입에 걸레를 물고 태어나서가 아니라' 원작 분위기를 독자들에게 좀더 실감나게 전하고 싶어서다.

번역가의 하루

동료 번역가들은 대체로 맥북, 노트북 등을 들고 분위기 좋은 카페에서 원두커피를 마시며 작업하거나 작업실을 따로 꾸미는 모양이다. N은 작업실에서 저녁까지 작업하고 퇴근해서는 휴식과 독서로 하루를 마무리한다. P는 오피스텔에 작업실을 만들어놓고 번역과 집필을 해결한다. 혼자가 어렵다면 공동으로 작업실을 꾸리기도 하는데 '번역인', '뉘앙스'가 그런 집단이다. 이곳에서 번역가 또는 편집자가 '따로 또 같이' 어울리거나 작업한다. 이따금 그런 친구들과 만나 술 한잔할 때면 "당신들 때문에 번역가가 뭔가 그럴듯해 보이는 직업 같잖아"라고 투덜대기도 하지만 솔직한 심정은 질투에 가깝다. 카페든 작업실이든 내겐 꿈과 같은 이야기이기 때문이다.

그러고 보면 번역가들은 장비병 환자 같기도 하다. 1만~2만 원짜리 보급형 키보드는 아예 눈에도 차지 않고 모니터도 대부분 최고급이다. 나만 해도 그렇다. 키보드는 20만 원을 넘고 모니터도 LED 27인치 고급형이다. 데스크톱에는 값비싼 사운드카드를 달고 소리 좋은 스피커를 구입해 연결해놓았다. 동료 번역가 중에는 진공관앰프 같은 고급 음향기기를 완비해놓고 음악을 들으며 작업하는 친구들도 있는데, 번역료가 박한 현실에서 볼 때 어딘가 정말로 사치스러워 보이기도 한다.

아니, 번역가는 정말로 우아하거나 '사치스러운' 직업이어야 할지도 모르겠다. 고급 노트북을 들고 이 카페 저 카페 돌아다니며 느긋하게 커피를 마시고, 작업실이나 오피스텔에 고급 장비를 들여놓고 값비싼 음향기기로 음악을 감상하며 작업하니 누가 봐도 '있어 보이는' 직업이다. 하지만 자세히 들여다보면 대부분 생존을 위해 저토록 사치스러울 수밖에 없다는 사실을 알 수 있다 (사실 사치란 말도 어불성설이다. 여기에서 사치라는 말은 박한 번역료에 비해 상대적으로 돈을 지출한다는 의미 정도로 이해해달라). 번역은 고도의 집중력이 필요한 작업이다. 생활공간과 작업공간을 나누고 작업과 휴식을 구분하는 것도 역시 작업 이전에 주변을 정리할 필요가 있어서다. 나처럼 음악을 틀어놓고 작업하는 사람들이라면 일정 수준의 오디오시스템은 필수적이다. 그렇지 못할 경우 신경은 흐트러지고 집중도 깨질 우려가 있다.

심지어 번역가들은 몸이 아플 수도 없다. 작가라면 병상에 누워서도 글거리를 고안하고 머릿속으로 줄거리를 풀어내겠지만 번역가는 오로지 책상에 앉아 키보드를 두드려대야 벌이가 된다. 빡빡한 마감인생에 자칫 몸살이라도 나면 일정이 온통 꼬이고 만다. 비상시까지 대비해 여유롭게 번역 의뢰를 받고 스케줄도 꼼꼼하게 챙겨야겠지만 어디 그게 쉬운 일인가? 어차피 죽어라 타이핑을 해야 간신히 입에 풀칠을 하는 운명인데? 번역가들이 장비에 신경 쓰는 이유도 그래서다. 매일매일 작업하다 보니 손목을 보호하기 위해 키보드도 고급이어야 하고, 모니터도 최대한 눈에 무리가 가지 않아야 한다. P는 툭하면 손목 통증을 호소하고 (그래서 P도 얼마 전부터 키보드에 욕심을 내기 시작했다) 나는 감기 기운이라도 있을라치면 아예 초반에 약을 잔뜩 먹고 이불을 푹 뒤집어쓴다. 물론 위험한 처방이지만 병원에 가거나 아파서 누워 있는 시간만큼 아깝고 억울한 일도 없다.

사실 번역가로서 내 환경은 '없어 보이는 쪽'에 가깝다. 새벽에 일어나면 바로 옆방으로 건너와 컴퓨터 스피커로 팝송을 틀어놓고 믹스커피 한 잔을 탄 다음 곧바로 번역작업을 시작한다. 작업실이라도 따로 있으면 옷도 갈아입고 가볍게 몸단장이라도 하겠지만 기껏 운동복 아니면 러닝셔츠 차림이다(아이들이 어렸을 때는 길에서 러닝셔츠 차림만 봐도 "저기 아빠 있다"고 외치곤 했다). 강의나 외출이 없으면 아예 몇 주씩 수염도 깎지 않고 버틴다. 근본적 이유라면 아무래도 작업공간과 생활공간이 뒤죽박죽이기 때문일 텐데, 가족의 삼시세끼와 허드렛일을 책임지고 있기에 개인 작업실이든 공동작업실이든 나로서는 그림의 떡일 수밖에 없다.

이렇게 얘기하면 다들 왜 집안일을 도맡아 하는지 묻는다. 하긴 내일모레면 나이가 60에 홀아비도 아니건만 매일 음식을 하고 청소를 한다니 궁금할 법도 하다. 더욱이 집에서 노는 실업자도 아니고 그럭저럭 잘나가는 중견번역가 아닌가.

나름 사연은 있다. 번역을 시작하고 얼마 되지 않았을 때다. 아내가 계단에서 발을 헛디뎌 발뼈에 금이 갔다. 거동이 불편하니 당연히 식사준비도 내가 하고 병원도 부축해서 다녀와야 했다. 문제는 지금도 그렇지만 당시에도 나는 운전을 하지 못했다. 정형외과까지는 왕복 2킬로미터 거리지만 시골 아파트단지 내라 택시도 부르기 어렵고 버스도 다니지 않았다. 결국 대부분 내 부축에 의지해 절뚝절뚝하며 병원까지 다녀와야 했는데 8월의 폭염 아래 둘 다 고생이 이만저만이 아니었다. 아내는 자기가 잘못한 탓에 애먼 남편만 고생한다며 미안해했지만 실은 남편이라는 작자가 운전도 못해 아내를 고생시키는 형국이었다. 그러기를 보름여, 아내도 나도 생각이 많을 수밖에 없었다. 결혼한 지 10년, 가난한 시간강사로 시작해 출판사 생활이 3~4년, 그 후로도 오랜 실직생활을 거처 이제 겨우 번역서 몇 권 나온 초보번역가 신세였다. 제대로 돈을 벌어본 적도 없고 직장이 먼 탓에 집안일을 도와주지도 못했다. 그런데 몸이 불편한 아내를 두고 이렇게 속수무책이라니…….

그러던 중 문득 그런 생각이 들었다.

'이 세상에 태어나 무슨 큰일 할 그릇도 되지 못하는데 남은 생애 내 옆에 있는 이 여자 한번 행복하게 해줄까?'

페이스북을 시작하면서 내가 가장 많이 올린 포스팅이 이른바 '먹방'이다. 아내를 위해, 가족을 위해 음식을 만들면 며칠에 한 번 그날의 상차림과 함께 가벼운 에피소드를 적어 올리는데 늙은 남자가 만들어내는 밥상이라 그런지 꽤나 인기가 좋았다. 벌써 15년을 거의 하루도 빠지지 않고 삼시세끼를 차렸으니 이제는 솜씨도 웬만한 주부 못지않다. 요리는 '아내 행복하게 해주기' 프로젝트의 가장 핵심에 속한다. 아내를 행복하게 만들어주자고 결심하고 며칠 후, 이제부터 내가 집안일을 전담하겠다고 선언한 다음 아내는 부엌에 들어오지 못하게 했다.

얼마 전 동료 번역가가 이렇게 물었다. "이제 부엌일이 지겹지 않아요? 15년이나 하셨는데?" 자신도 15년째 부엌데기 신세라 슬슬 귀찮아진다는 얘기였다. 난 주저하지 않고 "전혀!"라고 대답했다. 아내를 부엌에서 내보낸 후 아내한테 유세를 떨거나 짜증을 낸 적이 단 한 번도 없다. 아니, 오히려 고맙기만 하다. 그간 가족과 아내한테 잘못한 죄, 아내 속을 썩인 죄를 갚을 기회가 생겼는데 왜 아니겠는가. 그 덕분에 가족은 다시 화목해지고 나는 아내와 아이들이 신뢰하고 의지하는 남편이자 아버지로 변신할 수 있었다. 그러고 보니 '문득'이라고 했지만 돌이켜보면 내 생애에서 가장 완벽한 선택이기도 했다. 그 덕분에 '정말 없어 보이는 번역쟁이'로 전락(?)하고 말았어도 이제 와서 분위기 좋은 카페를 찾거나 그럴듯한 작업실을 구할 생각은 없다. 이미 집은 내게 어느 카페나 오피스텔보다 훌륭한 작업공간이기 때문이다. '아내 행복하게 해주기' 프로젝트의 이런저런 일화는 출판사 의뢰로 『상 차리는 남자? 상남자!』(메디치미디어, 2015)에 실었다.

번역 작업과 강의, 밥상 차리는 일 외에 내가 하는 일이 있다면 텃밭 가꾸기와 산행 정도다. 텃밭은 이곳 마석으로 이사 온 후 우연한 기회에 시작했는데, 신선하고 건강한 식재료를 얻는 일이라 몇 년 전부터는 아예 작은 밭까지 하나 구입해 본격적으로 사이비 농군 흉내를 내고 있다. 어쩌면 번역의 진짜 매력은 이런 데 있을지도 모르겠다. 시간을 잘 통제할 수 있다면 시공의 제약에서 상대적으로 자유롭다는 점……. 번역가들한테는 너무도 중요한 문제다. 번역가는 골치 아픈 외국어와 싸우며 하루 10시간 가까이 타이핑을 해야 하는 직업이다. 지독한 정신노동이라는 얘기다. 자칫 시간에 끌려다니다가는 마감에 몰리기도 하고, 우울증이나 운동부족으로 고생하기도 한다(주변에도 그런 번역가가 일부 있다). 수강생들한테도 늘 강조하지만, 일단 번역가가 되면 어떻게 해서든 시간을 내서 여가도 즐기고 운동도 게을리하지 않아야 한다. 번역가 P는 수영과 피트니스로 운동을 대신하고 없는 돈을 쪼개서 여행을 다닌다. N과 H는 여가활동으로 직장인 밴드를 하며 동료 번역가들과 매주 산행을 한다. 나로서는 산행과 밭일이 여가와 운동을 동시에 해결해준다. 하루 종일 산길을 걷거나 땀 흘리며 일하다 보면 복잡한 머리가 텅 비고 몸과 마음이 재충전되어 다시 한두 주 작업에 몰두할 에너지가 생긴다.

번역, 리뷰, 독서, 조사, 여가, 운동…… . 번역가라면 누구한테나 운명처럼 따라다니는 단어들이다. 시간 활용도 당연히 치열할 수밖에 없다. 번역에 치이면 몸과 마음이 피폐해지고 여가와 운동을 즐기다가 번역 일정에 차질을 빚을 수도 있다. 내가 일어나는 시간은 보통 새벽 3시, 그 후 6시까지 3시간가량 번역작업을 한다. 그때쯤 아내를 깨우고 아내가 출근 준비를 하는 동안 아침식사를 준비한다. 아내가 출근하고 나면 점심식사를 포함해 다시 오후 5시까지 작업하고 그다음부터는 저녁을 준비한다. 아침에는 나물, 된장찌개 등 가볍고 편한 음식을 준비하지만 저녁은 온 가족이 모여 앉는 자리인 데다 나도 하루를 마감하며 술 한잔이 간절할 때라 대개 감자탕, 짬뽕, 닭발, 곱창전골 등 특식을 준비한다. 텃밭은 멀리 떨어진 탓에 휴식 겸 해서 주로 토요일에 다녀오고 1~2주에 한 번 정도는 반드시 하루를 비워 산을 돌아다닌다.

수강생들에게 농담처럼 "번역가에게 가장 중요한 덕목은 무거운 엉덩이"라고 얘기하는데 꼭 농담만은 아니다. 엉덩이가 무거워야 작업량이 충분하고 그렇게 해야 여가와 운동에 투자할 여력도 생긴다. 번역가들이 키보드, 모니터, 높이조절 책상 등 장비에 신경을 쓰는 것도, 어떻게든 작업공간을 마련하려는 것도, 일부러 시간을 내어 여가활동을 하는 것도 궁극적으로는 엉덩이를 들썩거리지 않고 한자리에 오래 앉아 작업에 집중하기 위해서다. 단순히 '그럴듯해 보이기 위해서'가 아니라 생존 문제라는 얘기다. 번역가. 이래저래 벌이는 신통치 않건만 씀씀이만 커지는 직업이다.

2장____오역의 추억

오역은 운명이다

얼마 전 트럼프의 트윗을 국내 언론에서 번역·소개하면서 한 바탕 소란이 일었다. "북한에서 주유를 하려면 줄을 서서 한참을 기다려야 한다(Long gas lines forming in North Korea)"를 "긴 가스관을 북한에 건설 중이다"라는 식으로 번역해 신문에 실은 것이다. 주유난이 심각하다는 얘기를 오히려 그 반대로 해석했으니 자칫 외교문제로까지 번질 사안이었다.

출판번역도 외국어를 다루는 일이기에 이런저런 오역이 없을 리 없다. 모르긴 몰라도 역사상 가장 재미있는 오역은 『오만과 편견』에서 나오지 않았나 싶다. 문제가 된 부분을 인용하면 다음과 같다.

"그렇게까지 할 필요가 있겠소? 가고 싶다면 당신이나 애들 앞세우고 가봐요. 아이들만 보내든지. 아니, 딸들보다 당신이 더 예쁘니 빙리 씨가 당신을 좋아할지도 모르겠군."

"비행기 태우지 말아요. 하기야 나도 전엔 미인이란 소리를 들었죠. 그러나 지금에 와서 새삼 그런 척하긴 싫어요."

문제가 된 부분은 "비행기 태우지 말아요"였다. "My dear, you flatter me"를 번역했으니 그 자체로 오역이라 할 수야 없겠으나 제인 오스틴이 『오만과 편견』을 발표한 해가 1813년이고 라이트 형제가 첫 비행에 성공한 때가 1903년이니 역사를 100년은 거꾸로 돌려야 가능한 번역일 것이다. 사실, 역사적으로 문제가 있기는 해도 이 정도면 애교로 봐줄 만하다. 뜻을 이해하는 데 문제가 없고 잘못을 알았다 해도 '허허' 웃고 넘어가면 그만이다. 역사 문제라면 나도 비슷한 경험이 있다. 『임페리움』에서 'corn'을 '옥수수'로 번역했다가 전문가들로부터 로마시대에 옥수수가 웬 말이냐며 핀잔과 비아냥을 들은 것이다. 아마도 옥수수는 그 이후에 등장한 개량종인 모양인데 내가 그 사실을 알 리가 없었다.(로버트 해리스는 알았을까?) 어느 일본어 번역가는 '잡념을 없앤다'를 '잡년을 없앤다'로 오타를 냈다가 마지막 교정에서 겨우 잡아내곤 식은땀을 흘렸단다. 키보드에 'ㅁ'과 'ㄴ'이 붙어 있는 탓에 벌어진 일이다.

몰랐기 때문이든, 실수이든 오역은 번역가에게 천형과도 같다. 어떻게든 피하고 싶지만 줄이는 것조차 물리적으로 쉽지 않다. 10년 전쯤 한 출판사 카페에 글이 하나 올라왔다. 한 독자가 내 번역서와 원본을 대조한 뒤 오역과 오류를 하나하나 지적해 글을 올린 것이다. 사실 충격이 컸다. 번역한 지 몇 년 되지 않았지만 일도 꾸준히 들어오고 번역 문학상 후보에도 올랐던 터라 내심 잘나가는 번역가라고 착각하던 참이었기 때문이다. 지적사항 중 절반은 나도 할 말이 있었지만 그런들 무슨 소용이 있겠는가? 변명해봐야 긁어 부스럼이 되고 말았으리라. 제일 큰 걱정은 번역가로서 내 삶이 이렇게 끝나나보다 하는 것이었다. 출판사 카페에 공개로 올라왔으니 출판사에서도 기분이 좋을 리 없었는데, 그곳은 당시 나에게는 최대 거래처이기도 했다. 그 일이 있고는 밥도 잘 넘어가지 않고 툭하면 나도 모르게 긴 한숨이 새어나왔다. 아내가 걱정스럽게 무슨 일이냐고 물었지만 솔직히 창피해서 대답도 제대로 하지 못했다. 다행히 출판사에서는 별다른 얘기 없이 계속 번역을 의뢰했고 그렇게 2년쯤 후에는 나도 아무 일 없었던 양 일을 해나갈 수 있었다. (2년 정도는 그렇게 마음고생을 했던 듯싶다. 그 이후로는 내 이름을 검색하는 이른바 '셀프 서핑'도 하지 않는다.)

오역, 오류는 피할 수 없다. 아무리 영어에 능숙하다 해도 영어 텍스트를 완벽하게 이해할 수도 없지만, 그보다는 텍스트마저 꼼꼼히 살필 시간이 부족해서다. 가장 큰 이유는 당연히 마감이다. 번역가는 늘 마감에 쫓긴다. 우스갯소리지만 남의 나라 말은 어렵고 출판사는 기다려주지 않는다. 번역계를 떠나면서 "마감 없는 삶을 살고 싶어서"라고 변을 내놓은 사람도 있다고 들었다.

꼼꼼히 살필 시간이 부족한 이유는 또 있다. 바로 돈이다. 번역가도 생활인이기에 이른바 '먹고사니즘'에서 자유로울 수는 없다. 벌이가 좋은 직장이 따로 있고 번역을 취미나 부업 정도로 여긴다면 모르지만 이 짓으로 집세 내고 밥 먹고 이따금 친구들이라도 만나 술 한잔이라도 하려면 번역은 말 그대로 전쟁일 수밖에 없다. 앞서 언급한 광고 문구를 다시 얘기해보자. "40세 이후에 시작해 월 400만 원에 도전한다." 한 달에 400만 원을 벌려면 번역료를 어떻게 정하느냐에 따라 1,000~1,300매를 작업해야 하는데, 검토와 독서, 몇 차례 교정까지를 포함하기에 결코 만만한 일은 아니다. 더군다나 요즘은 불황으로 번역료마저 깎는 판국이 아닌가. 원고를 좀더 살피고 자료조사와 검색에 시간과 노력을 투자하고 교정을 꼼꼼하게 여러 차례 반복한다면 당연히 오역은 줄고 책의 품질은 좋아지겠지만 모르긴 몰라도 번역가는 1년도 버티지 못하고 그만두거나 굶어 죽을 것이다.

언젠가 번역가 'K'가 그런 말을 했다. "번역은 종주 산행과 같아서 완주한 것만으로도 칭찬받아 마땅하다. 도중에 넘어지거나 길을 잘못 들었다는 이유로 비난받지 않았으면 좋겠다." 내 생각도 다르지 않다. 물론 자질이 부족한 사람이 번역에 손을 대는 데는 반대하지만 일단 번역을 시작하면 제반 여건이 쉽지 않다 해도 그 한계 안에서나마 최선을 다해야 한다고 믿는다. 박한 고료에도 불구하고 번역가로서 사명감과 자존심을 지키고자 끝까지 최선을 다하는 번역가들도 적지 않다. 그렇다 해도 어느 선에서 타협은 불가피하다. 마감이든 생활고든, 번역가에게 시간은 유한할 수밖에 없다. 그래서 수강생들에게 농담처럼 하는 얘기가 있다. "번역으로는 우주도 인류도 구하지 못해요. 여러분 생계부터 챙기세요."

강의를 하면서도 "내가 '번역 예'라고 내놓는 샘플은 '내가 이렇게 번역한다'가 아니라 '나도 이렇게 번역하고 싶다' 정도로 이해해주세요. 시간과 여유가 있다면……"이라고 변명한다. '번역 예'는 대부분 평소보다 열 배쯤 신경을 써서 번역하니 당연히 실제보다 좋을 수밖에. 번역서에 오역과 오류가 있는 이유는 번역가가 오역과 오류를 좋아해서가 아니라 번역가들한테 오역과 오류를 피할 여유와 권한이 주어지지 않기 때문이다. 좋은 번역을 보고 싶으면 좋은 번역가를 찾아 제대로 대접하자. 지금의 열정페이로는 (희생이 아니면) 좋은 번역이 나올 수 없다. 국가가 번역가의 처우에 관심을 기울여야 하는 이유이기도 하다.

번역가는 비난이 아니라 위로와 격려와 지원이 필요한 존재다.

오역의 세 가지 원인

경험으로 볼 때 오역, 오류의 원인은 다음 세 가지로 요약할 수 있다. 실수에 따른 오역, 실력이나 능력 부족이 원인인 오역, 게으름에서 비롯한 오역이다. 첫째는 '잡념-잡년'의 예처럼 착각과 오타가 원인이다. 이 경우는 대개 교정·교열 과정에서 잡아낼 수 있기에 상대적으로 문제가 덜 심각하다. 조금 문제가 된다면 애초에 텍스트를 잘못 읽었을 경우다. 마감에 쫓기다 보면 'love'를 'live'로, 'complement'를 'compliment'식으로 잘못 읽을 때가 적지 않다. 'success/succession', 'command/commend', 'morality/mortality', 'Armenia/America' 등과 같은 경우는 얼마든지 있다. 단순 오타보다는 문제가 될 수 있으나 교정을 보면서 문맥이 어긋나면 다시 한번 텍스트를 살피는 습관이 필요하다. 그밖에는 인간의 한계가 문제이니 하늘의 뜻에 따를 수밖에 없다.

둘째는 번역가 능력에서 비롯한 오역·오류가 있다. 번역은 외국어와 우리말을 동시에 다루는 직업이다. 당연히 외국어와 우리말에 어느 정도 능통해야 한다. 수강생들에게 과제를 내주다 보면 의외로 기본적인 구조나 문법에 약한 모습을 자주 보게 된다. 예를 들어 "They are an easy people to love"는 열이면 열 "그들은 사랑스러운 사람들이다"로 번역해온다. 이 문장에서 'people'은 관사 'an'이 있으므로 '사람들'이 아니라 '민족'의 개념으로 보아야 한다. 문장구조를 오해해 실수하는 경우도 비일비

재하다.

언어 문제라면 외국어보다 우리말 능력이 더 중요하다. 독자들이 만나는 결과물은 결국 우리말이다. 당연히 우리말을 섬세하고 치밀하게 구사해야 하건만 번역가 지망생 중에는 영어 실력만 믿고 덤벼드는 부류가 적지 않다. 실제로 강좌를 마치고 수강생들의 소회를 물으면 오히려 우리말 실력에 자괴감이 들었다고 대답하는 경우가 대다수다. 과제를 내주고 가장 많이 지적하는 것도 바로 우리말이다. 기껏 영문 텍스트를 정성껏 분석해 파악하고도 정작 우리말을 잘못 선택해 번역을 망치고 만다. 단어를 잘못 사용하는 경우, 문장을 잘못 구성하는 경우, 문장과 문장의 연결이 어색한 경우……. 좋은 번역이 되려면 글이 좋아야 한다. 좋은 번역가가 되려면 우리말 공부 또한 게을리하지 않아야 한다.

마지막으로 가장 중요하고 심각한 경우는 당연히 게으름에서 비롯한 오역이다. 중요한 이유는 이런 식의 오역이나 오류가 제일 많기 때문이고, 심각한 이유는 번역가로서 자질과 밀접하게 관계있기 때문이다. 나태한 번역가는 무지한 번역가만큼이나 죄인이다.

강의 도중 어느 부부의 카톡 대화 내용을 농담처럼 들려주곤 한다.

"지금 뭐 해요?"

"어, 친구들하고 술 마셔요."

"그래요? 알았어요."

문제는 저 "알았어요"의 의미가 뭔지 모르겠다는 데 있다. "나는 집에서 고생하는데 한가하게 친구들하고 놀고 있어?"일까 아니면 "이제 생사를 알았으니 됐어요. 재미있게 놀다 와요"일까? 결국 당사자는 불안한 마음에 부랴부랴 술자리를 파하고 부지런히 집으로 돌아가지만 정작 배우자는 집에 없다. 전화해보니, 오늘 늦는다기에 자기도 친구들과 만나기로 했다는 얘기다. 오해, 오독, 오역 …… 오판은 예외 없이 지레짐작이 원인이다. 의미를 구체적으로 물으면 되건만 '그러려니' 하고 넘겨짚어 화를 부른 것이다. 오역도 마찬가지다. 조금이라도 미심쩍은 부분이 있으면 사전을 찾거나 구글을 검색하면 된다. 귀찮다는 이유로, 시간이 없다는 이유로 그대로 넘어가면 희한하게도 예외 없이 오역, 오류로 끝나고 만다. 예를 들어 해군 관련 구문에서 'sailor'가 나오면 어떻게든 검색을 해서 '수병' 관련 계급을 찾아내길 바란다. 그런데도 대개는 조사하거나 찾아보는 대신 '선원'이라고 나태한 번역을 내밀고 만다. 번역가의 최대 적은 무지가 아니라 게으름이다. 확인하고 또 확인하자. 검색은 선택이 아니라 필수다.

오역에서 탈출하기

　　바로 전에 "번역가의 오역, 오류를 용서해주세요"라고 징징 댔지만 그렇다고 오역과 오류를 옹호할 생각은 없다. 강의를 처음 시작할 때 강조하는 말이 하나 있다 "번역가가 되고 싶다면 이제 권리는 잊고 의무만 생각해야 합니다." 스스로 선택한 길이다. 이런저런 상황으로 생계조차 꾸리기가 만만치 않지만 그래도 사회에 조금이라도 더 나은 번역서를 내놓아야 할 의무마저 저버릴 수는 없다. 오역, 오류를 최대한 줄이라는 요구다. 지망생들이 배우러 오고 내가 가르치는 이유다.

나를 비롯해 번역가들이 오역을 피하기 위해 사용하는 방법은 대개 세 가지 정도일 것이다. 사전 참조, 인터넷 검색, 질문.

번역가에게 사전은 단지 낯설거나 어려운 단어/숙어를 찾아보는 장치 이상이다. 단어의 기본 뜻을 안다 해도 우리는 좀더 좋은 표현을 얻기 위해 뻔질나게 사전을 뒤적인다. 수강생들에게도 늘 하는 얘기지만, 번역은 표현 싸움이다. 그리고 사전이야말로 표현의 보고다. 번역가는 최선의 표현을 제공할 의무가 있고, 그런 의미에서 사전은 우리 뇌 용량의 한계를 크게 넓혀주는 보조기억장치가 되어준다. 사전을 가까이하자. 사전은 번역가에게 최고의 친구다. 번역가의 서재라면 당연히 사전 몇 종류는 구비하고 있을 것이다. 나는 주로 장르소설을 작업하기에 일반사전 외에도 urbandictionary.com같이 슬랭, 비속어 인터넷 사전도 자주 사용한다. 전문적이고 상세한 정보가 필요할 경우 위키피디아나 브리태니커를 뒤적거린다. 각자 전문 영역에 따라 자신에게 알맞은 사전을 선택할 필요가 있다. 외국어의 우리말 표기는 한글라이즈(Hangulize.org)가 도움이 된다. 30여 개 외국어를 우리말 표기로 자동 변환해주는데, 온전히 믿을 수는 없어도 특별한 경우가 아니면 제법 유용하다. 그렇지 않을 경우에는 전문가의 도움을 받아야 한다. 나는 언어천재 S 선생과 P 씨한테 종종 도움을 청한다. 국립국어원 사이트에 질문하거나 용례를 검색하는 것도 좋은 방법이다.

둘째가 검색이다. 우스갯소리로 "번역은 구글 이전과 이후로 나뉜다"라는 얘기가 있는데, 그만큼 구글 검색엔진은 번역가들에게 없어서는 안 될 존재다. 구글을 '구글느님'이라 부르기도 하니 번역가에게 구글이 얼마나 중요한지 짐작할 수 있으리라. (그런데 구글 이전에는 도대체 어떻게 번역이 가능했을까?) 인터넷 검색은 사전을 찾는 것만큼이나 중요하다. 『오만과 편견』 역자가 검색을 했다면 "비행기 태우지 마세요"의 역사적 오역(그야말로 중의적 표현이다)은 피할 수 있었을 것이다.

사전으로도 구글 검색으로도 해답을 찾지 못하면 이제 질문밖에 없다. 아무래도 가장 확실하게 답을 줄 상대는 저자이리라. 실제로 번역가 N은 저자와 이메일 교신으로 도움을 많이 얻는다는데 불행하게도 나는 한 번도 답장을 받아본 적이 없다. 스티븐 킹, 데니스 루헤인, 버나드 콘웰 등 이메일 주소를 검색해서 시도해보았으나 모두 헛수고였다. 그러다가 어느 순간부터 더는 이메일을 보내지 않았다. 내가 주로 질문하는 곳은 Yahoo! Answers다. 실제로 대답률이 90퍼센트를 넘는데다가 거의 실시간으로 답이 올라와 기댈 언덕으로는 꽤나 믿음직하다. 단점이라면 사용에 제약이 따른다는 것이다. 처음 가입할 때 100포인트를 제공하는데, 포인트는 질문을 한 번 할 때마다 5포인트 삭감, 대답을 선정하면 3포인트 반환 하는 식으로 관리한다. 결국 매일 사이트를 방문해 평소에 1포인트씩이나마 쌓아두지 않으면 금세 포인트가 바닥 나고 만다.

그밖에 stackexchange.com이나 ask.com 등도 질문이 가능하며, 번역 커뮤니티도 훌륭한 해결사다. 블로그, 페이스북 같은 SNS에 번역두레, 컨트라베이스, 펍헙 같은 커뮤니티가 있는데, 그곳에 가입하면 선후배들이 친절하게 질문에 답해준다.

사실 그밖에도 방법은 많다. 오역을 피하기 위해 가장 좋은 길은 오역, 오류를 줄이겠다는 번역가 자신의 의지다. 그럼 어떻게든 방법을 찾아낸다. 오역이 불가피하다고 해도 번역가에게 오명임은 부인할 수 없다. 그나마 우리에게 구글이 있다는 사실만으로도 선배들에 비하면 훨씬 사정이 낫다. 조금의 발품, 약간의 검색만으로 불필요한 오역, 오류를 피할 수 있으니 왜 아니겠는가?

쉬운 번역, 어려운 번역

출판사에서 번역을 의뢰할 때는 대개 "선생님, 원고 한번 검토하시고 수락 여부를 알려주세요"라고 먼저 제안한다. 내 마음에 들지 않으면 거절해도 좋다는 배려이겠으나 지난 15년간 (일정만 맞으면) 한 번도 의뢰를 거절한 적이 없다. 그 이유라면, 출판사에서 어련히 알아서 선정하겠지만 그보다는 나한테 작품을 보는 눈이 지독히 없다고 믿기 때문이다. 실제로도 내가 좋아했던 소설은 대부분 흥행에서 참패하고 생각지도 않았던 소설이 더 인기를 끌곤 했다.

예를 들어 나는 버나드 콘웰의 『윈터킹』 시리즈, 존 르 카레의 소설들, 피터 스트라우브의 『고스트 스토리』 등을 좋아했는데 정작 독자들은 『나는 전설이다』 『히스토리언』 같은 소설을 선택하는 듯 보였다(둘 다 훌륭한 작품이지만 번역 당시엔 어딘가 약간 부족하다고 생각했다. 그만큼 눈이 먼 것이다). 그런 이유 때문에 기획은 꿈도 꾸지 못하고 이따금 출판사에서 리뷰라도 요청하면 화들짝 손사래부터 나왔다. "에고, 전 작품 보는 눈이 없어요. 아무 도움이 못 됩니다."

참으로 어리석은 생각이다. 출판사에 도움이 될 생각만 했지 정작 내 생각은 하지 못한 것이다. 어느 때부터인가 이상하게 번역 진도가 느려졌다. 경험이 많아졌으니 작업 속도도 당연히 빨라져야 하건만 예전에 한 달이면 끝냈을 분량이 두 달, 석 달 하염없이 늘어지기만 했다. 『윈터킹』 3부작, 『2312』(미출간), 존 르 카레의 소설들이 그렇고, 에드거 앨런 포나 루이스 로버트 스티븐스, H. P. 러브크래프트 같은 옛 작가들의 소설이 그랬다. 심지어 『2312』 같은 소설은 별로 두껍지도 않은데 작업시간이 5~6개월이나 걸렸다. 내가 소설을 가리지 않는다는 사실이 소문이 난 걸까? 그래서 다른 번역가들이 어렵다고 난색을 표하면 곧바로 나를 찔러보는 건가? 그런데 난 그것도 모르고 주면 주는 대로, 시키면 시키는 대로 넙죽넙죽 받아 낑낑거렸고?

아니, 확증은커녕 심증도 없는 억측이다. 출판사에서도 번역 난이도를 알기 어려웠을 테니 난이도 있는 소설이 몰린 것도 순전히 우연일 것이다. 번역에 발을 들인 이상 당연히 쉬운 책도 하고 어려운 책도 해야 한다. 다만 번역가도 생활인이고 이른바 먹고사니즘에서 자유롭지 못한 터라 시간과 노력이 너무 많이 든다면 번역 의뢰가 마냥 반가울 수만은 없다. 그 경우 수입이 몇만, 몇십만 수준이 아니라 절반, 아니 그 이하로 뚝 떨어지기 때문이다. 무엇보다 책이 자기 능력과 수준, 취향에 맞아야 오역, 오류를 줄일 수 있다.

나는 주로 소설을 작업하니 인문철학서나 경제, 과학서는 잘 모르지만 소설 번역이 어렵다면 그 이유는 첫째, 애초에 영어 구문과 표현이 어렵거나 둘째, 영어는 어렵지 않지만 묘하게 우리말로 바꾸기가 난감하거나 셋째, 내용이나 표현 때문에 검색해야 할 사항이 많기 때문이다.

영어 자체가 어려운 경우는 주로 옛날 작가들이 쓴 작품이다. 내가 작업한 작가 중에서는 에드거 앨런 포, 로버트 루이스 스티븐슨, 윌키 콜린스, H. P. 러브크래프트 등이 있으며 대개의 경우 구문과 어휘가 지금 영미에서 사용하는 방식과 차이가 크다. 이런 작가들을 만나면 영어 구문을 분석하고, 의미를 파악하고,

우리말로 어떻게 변화할지 고민하는 과정이 각각 따로 움직인다. 여기에 당시 지방 방언까지 겹치면 말 그대로 '헬게이트'가 열린다. 당연히 시간과 노력이 몇 배씩 들 수밖에. 로버트 루이스 스티븐슨의 단편집에 나오는 'Thrawn Janet'은 스코틀랜드 방언과 맞물려 원고 자체가 이런 식이다.

An' then a' at aince, the minister's heart played dunt an' stood stock-still; an' a cauld wund blew amang the hairs o' his heid. Whaten a weary sicht was that for the puir man's een! For there was Janat hangin' frae a nail beside the auld aik cabinet: her heid aye lay on her shoother, her een were steeked, the tongue projekit frae her mouth, and her heels were twa feet clear abune the floor.

이쯤 되면 검색, 질문, 추측, 억측이 총동원되어야 겨우 한 문장, 한 문장 진도가 나간다. 그럼 진도는 완도가 되고 연말엔 손가락을 빨 가능성이 크다.

이런 식의 함정이 옛날 소설에만 있는 것은 아니다. 탐정소설, 범죄소설 등을 많이 다루다 보니 형사나 범법자들의 속어와 은어를 자주 접하게 되는데 골치 아프기는 고대 지방어 못지않다. 예를 들어, 제임스 엘로이의 『아메리칸 타블로이드』에는 이런 표현들이 가득하다. 여러분은 무슨 뜻인지 알겠는가?

They dumped the stiffs into the trunk of his car.

So who foots the bill?

Fulo cracks or Fulo doesn't crack.

여기서 'stiffs'는 'dead bodies', 'foots'는 'pays', 'crack'은 'confess'로 바꿔주어야 의미가 통한다. 번역이 불가능하다는 얘기는 아니겠지만 저 암호에 가까운 단어들을 해결하기 위해 쏟아야 하는 시간과 노력은 (이중으로) 눈물겨울 수밖에 없다.

지금까지 소설을 80여 권 번역하는 동안 가장 애를 먹고 시간이 많이 걸린 책은 킴 스탠리의 『2312』였다. 인류 사회가 태양계로 영역을 넓히는 과정과 암투를 다룬 장편소설인데 태양계 주변의 소행성을 개척하고 사회를 형성하는 과정에 개연성을 더하기 위해 실제 존재하지 않는 경제, 생화학, 물리학, 건축학 등 미래의 온갖 가상논문이 거의 소설 절반을 차지한다. 이를테면 다음과 같은 식이다.

......

0~0.1중력상수에서 매달 0.5~5퍼센트까지 골밀도 감소

......

3중력상수 이상의 중력에 반복적으로 노출할 경우 일과성허혈발작을 일으키고 악성뇌졸중 가능성을 높이며

......

에어로빅과 저항성운동은 중하급 중력상수(달의 0.17과 화성의 0.28 사이로 규정)의 장기거주에서 비롯한 생리학적 효과를 부분적으로 보상하나

......

클리토리스를 소규모의 정상 음경으로 전환할 때 피험자의 볼프 관이나 줄기세포를 이용해 고환을 생성할 수 있다. 암수모자이크가 아이를 낳을 경우 아버지로서 여아만 가능하다. X 성염색체에서 Y 성염색체를 추출할 경우 자칫 문제가 발생할 수 있어서

'과학적 사실과 법칙에 무게를 두고 쓴 SF소설.' 이런 소설을 '하드 SF'라고 한다. 킴 스탠리의 『2312』는 하드 SF 중에서도 제일 '어려운(hard)' 부류다. 나같이 무지한 소설 번역가가 맡기에는 처음부터 무리였을지 모르겠다. 그 덕분에 일반소설이라면 2개월 안에 끝낼 일을 무려 5~6개월을 끌어야 했건만 독자들이 받아들이기도, 판매하기도 '하드'하다고 판단을 내렸는지 출판사도 끝내 출간을 포기하고 말았다. 이런 소설을 맡을 경우 3개월 치 번역료가 그대로 날아가고 생활은 지극히 '하드'해질 수밖에 없다.

난 번역가 중에서도 손이 빠른 편이다. 손이 빠르다는 얘기는 영어 문장을 보면 거의 동시에 머릿속으로 우리말이 정리된다는 의미다. 나머지는 기계적으로 타이핑만 하면 되니 자연히 번역 속도가 빠를 수밖에 없다. 수강생들한테 농담처럼 '나는야 날

림의 황제'라고 말하지만 당연히 나와 궁합이 맞는 소설일 경우에만 그렇다. 자연스러운 현대영어로 쓰이고 검색할 필요가 상대적으로 적은 소설이라면 대충 이 범주에 들 것 같다. 이른바 쉬운 번역이다.

번역 속도가 빠르다는 소문 때문인지 이따금 마감이 급한 원고들이 들어오기도 한다. 『기적의 튜즈데이』를 27일 만에 마감하고 『앨런 튜링의 마지막 방정식』을 23일 만에 교정까지 마쳐 넘긴 것도 모두 그 덕분이다. 하루 최고 기록은 『앨런 튜링의 마지막 방정식』을 번역했을 때일 것 같다. 영화 『이미테이션 게임』 개봉에 맞추어 책을 내야겠다고 하는 바람에 나도 무리해야 했다. 그때 하루 최고 기록이 원고지 137매, 새벽 3시부터 밤 10시까지 식사를 준비해 먹는 시간만 빼고 죽어라 타이핑한 결과지만 이른바 '쉬운 번역'이 아니었던들 절대 불가능했으리라. 물론 그마저도 2~3일 이상은 무리다.

요컨대 비슷한 분량의 서적을 『2312』는 5~6개월, 『앨런 튜링의 마지막 방정식』은 1개월에 마감했다는 얘기다. 번역료가 같은 수준이라고 믿기에는 작업 속도 차이가 너무 크다. 번역가도 생활인이기에 문제가 심각하지 않을 수 없다. 까딱 했다가는 5개월 동안 입에 거미줄 치게 생겼으니 왜 아니겠는가. 어쨌거나 이 괴리를 해결할 방법은 없다. 번역료는 4,000원 안팎에서 고정되어 있고 출판사도 난이도까지 반영해서 번역료를 책정할 여유는 없다. 결국 번역가 자신이 선택할 수밖에 없다.

이따금 '어려운 번역'에 도전해 영어와 번역의 새 지평을 맛보는 일도 필요하다. 100여 년 전 영어 구문들을 우리말로 옮기면서 기존의 번역관을 깨뜨려볼 필요도 있고 죽은 언어, 암흑세계에서나 쓰는 은어들을 찾으며 검색 요령을 키우는 것도 중요하다. 번역은 직접 해보지 않으면 이해하지 못할 함정과 어둠으로 가득한 미로이기 때문이다. 다만, 그 선택은 번역가 자신이 해야한다. 나처럼 무조건 책을 받은 다음 땅을 치고 후회하면서까지 배울 필요는 없다. 번역 의뢰를 수락하기 전 검토는 분명하게 하자. 물론 작품을 보는 눈도 필요하다.

첨삭 수업

앞에서 오역, 오류를 피하려면 사전을 참고하거나 검색 또는 질문을 한다고 했는데 질문 방식에 하나 추가한다면, 믿을 만한 전문가에게 자신의 번역을 맡겨 첨삭을 받는 방법이다. 첨삭은 자신이 인지하지 못하는 부분까지 교정을 받을 수 있어 효용도가 가장 높다고 할 수 있다. 다만 시간과 노력이 많이 들기에 전문학원에서도 쉽사리 손을 대지 못한다.

강의가 있는 날이면 새벽부터 분주하다. 전날 자정에 마감한 과제들이 줄줄이 들어와 있기 때문이다. 매주 A4 용지로 빽빽하게 과제를 내주면 수강생들은 나름 열심히 번역해서 클라우드 서

비스에 접속해 지정 폴더에 문서 파일을 업로드한다. 그럼 나는 이른 새벽부터 과제를 내려받아 PDF파일로 변환한 뒤 한 사람 한 사람, 한 구절 한 구절 오류와 오역을 잡아내고 더 나은 표현을 제안하고, 마지막으로 전체적인 평가까지 덧붙인다.

"문장형 수식이 아직 많아요. 유니트 순서대로 번역하는 습관이 필요합니다." "글에 군더더기가 많습니다. 좋은 번역은 좋은 글이어야 합니다. 문장을 긴밀하게 쓰는 훈련을 해보세요." "좋은 번역입니다. 다만 어려운 구문에서 헤매는 경향이 있습니다. 영어 구문을 정확히 읽어야 합니다" 등등.

사실 이는 쉽지 않은 일이다. 수강생 수에 따라 10~20개 과제를 꼼꼼히 읽고 일일이 검토해야 하니 왜 아니겠는가. 시간도 부족하지만 이런 식의 단순반복 작업이 유쾌할 리 없다. 더욱이 다른 사람의 잘못을 지적하는 일이다. 수강생들의 노력과 능력에 따라 과제는 대부분 이렇게 수정 사항으로 완전히 덮이고 만다.

이렇게 첨삭한 파일은 강의시간에 다시 하나씩 화면에 띄워놓고 수강생들과 논의를 한다. 왜 표시했는지, 왜 이렇게 번역하면 안 되는지, 동료 수강생은 이 구문을 어떻게 처리했는지 일러주고, 고민이 필요한 부분들을 함께 정리한다. 첨삭에서 그치지 않고 강의시간에 공개수업을 하는 이유는 몇 가지가 있다. 첫째, 첨삭만으로는 별로 도움이 되지 않는다. 수강생들은 한 번 훑어보곤 대부분 구석에 처박아둘 것이다. 자신의 부족한 면을 함부로 지적해댔으니 첨삭지가 반가울 리도 없다. 둘째, 번역은 표현

가격폭등으로 플로리다에 사는 주민들의 원성이 자자해졌다. USA투데이 사에서는 "폭풍이 기회주의자들에게 왔을 때" 기사가 헤드라인을 장식했다. 한 거주민은 지붕 위로 떨어진 나무를 없애는 데 만오백달러가 들었다고 말하며, 이렇게 다른 사람의 불행과 어려움을 이용해 돈을 벌고자 하는 사람들은 정말 부정하다고 덧붙였다. 찰리 크리스트 플로리다 주 법무장관 또한 "믿지 못할 일이다. 양심의 가책없이 누군가의 고통을 이용하려는 그 탐욕스런 자들에게 경악을 금치 못하겠다."라며 동의했다.

플로리다주에는 가격폭리규제법이 있지만 허리케인의 여파로 법무장관 사무실에 민원이 2천여 통 넘게 접수되었다. 이중에 몇몇은 성공적인 소송결과를 낳았다. 웨스트 팜비치에 있는 데이즈 인은 손님들에게 바가지를 씌운 명목으로 벌금 7만달러와 배상금을 물어야 했다.

법무장관은 가격폭리규제법을 강화하려 했지만 몇몇 경제학자들이 이 법안에 이의를 제기하고 군중들의 분노 또한 오해에서 나온 것이라 지적하였다. 중세시대에는 철학자와 신학자들이 물물교환은 전통이나 물건의 고유한 가치로 그 가격이 결정되었다. 하지만 경제학자들이 지켜보니 시장에서는 가격은 오로지 수요와 공급에 의해 결정되며, 정해진 가격 따위는 존재하지 않더라.

싸움이다. 당연히 동료 수강생들의 표현을 공유하면 반성도 하고 사고의 한계를 넓힐 수도 있다. 나 또한 과제를 번역해 '번역 예'라는 이름으로 나름의 번역을 업로드해 수강생들이 참고할 수 있게 해준다. 당연히 고되고 돈도 되지 않는 일이다. 그럼에도 첨삭 강의를 고집하는 이유는 번역수업의 유일하고도 최선의 방법이라고 믿기 때문이다.

　사실 번역에 필요한 이론이라면 두 시간 정도 특강이면 충분하다. 실제로도 해마다 몇 차례씩 두 시간 특강을 하는데, 그 특강에서 번역에 필요한 이론을 거의 빠짐없이 얘기해준다. 하지만 지금껏 주장했듯이, 번역은 기술이다. 반복훈련과 첨삭은 번역수업의 전부라 할 수 있지만, 거기에 번역 외의 실수와 잘못, 특유의 글 습관까지 고민해야 한다. 수강생들을 가르치면서 이들에겐 외국어가 아니라 우리말 훈련도 필요하구나 하는 사실을 깨달았다. 잘못 알고 있는 문법, 잘못된 언어습관 등이 어우러져 '글쓰기로서 번역' 훈련을 어렵게 하기 때문이다. 이래저래 첨삭훈련이 아니면 방법이 없다.

매주 두 시간 강의 중 첨삭강의는 1시간 정도로 비중이 꽤 크다. 게다가 10주간의 심화과정을 거의 과제와 첨삭강의로 채우다 보니 어느 모로 보나 첨삭강의는 내 강의의 핵심인 셈이다. 매번 과제를 번역하고 또 지적을 받는 과정이라 수강생들에게도 물리적·심리적 부담이 적지 않다. 한 번은 수강생이 나를 찾아와 원망과 한탄을 하기도 했다.

"선생님, 어젯밤에 과제하다가 한참을 울었어요."
"왜요? 어려워서?"
"네, 번역가가 되고 싶고 번역가가 되어야 하는데, 선생님은 매일 야단만 치시고 내 능력은 한계가 있고…… 어제 숙제를 하는데 갑자기 눈물이 나는 거예요. 얼마나 울었는지 모르겠어요."
"……."

내색을 하지 않아 그렇지 그동안 그런 심정이 그 수강생 하나만은 아니었을 것이다.
불만과 불평이 있을지언정 수강생들은 그래도 첨삭강의의

가치를 믿는다. 실제 효과가 있음을 몸으로 느끼기 때문이다. 입문과정 4주, 심화과정 10주간 하드트레이닝을 거치고 나면 수강생들의 번역과 글이 확연히 달라진다.

첨삭 방향은 크게 다섯 가지로 나뉜다.

1. '번역은 기술이다'에서 언급한 내용으로 대명사 오용, 수동태 남발, 형용사 또는 문장형 수식 여부 등
2. 영어 구문 파악을 잘못한 오역
3. 잘못된 어휘 사용이나 표현
4. 더 좋은 표현, 글을 위한 제언
5. 짤막한 감상, 촌평, 격려의 말

이런 식의 지적과 제안은 공시적이기도 하고 통시적이기도 하다. 입문 초기부터 오류를 모두 지적하고 제안을 기록하려면 과제 여백도 부족하거니와 수강생들도 갑작스러운 과부하로 금세 지치고 말 것이다. 이 때문에 초반에는 1, 2에 초점을 두고 후반으로 갈수록 3, 4의 비중을 높이는 편이다. 5는 과제를 제출하고 첨삭할 때마다 예외 없이 적는다.

번역교육은 단순히 외국어를 우리말로 어떻게 바꿀 것이냐 하는 문제가 아니라 이를 넘어 자신의 글쓰기 전반을 반성하고 개선하는 과정이기도 하다. 따라서 장문의 텍스트 번역과 그 번역에 바탕한 꼼꼼한 첨삭지도가 무엇보다 필요하다.

이 책 부록에는 그간의 첨삭 기록들을 종합해 수강생들이 어떻게 번역했고 또 어떻게 첨삭지도를 받았는지 실례를 일부 수록하였다. 비록 간접적이나마 다른 사람이 번역하는 과정을 보며 자신은 어떻게 번역하는지, 어떻게 글을 쓰는지 돌아볼 수 있기를 바란다.

3장___번역의 미래

좋은 번역, 나쁜 번역

입문반 수강생들을 만나면 제일 먼저 던지는 질문이 있다. "직역이 좋은 번역일까요? 아니면 의역이 좋은 번역일까요? 여러분 생각은 어때요?" 대답은 대개 반반이다. 의역이라는 편이 조금 더 많을까? 그럼 다시 이렇게 질문한다. "그런데 직역은 뭐고 의역은 뭐죠? 혹시 정확히 아는 분 있습니까?" 있을 리 없다.

전업번역가라고 한들 직역과 의역을 정확하게 정의할 수 있을까? 아니 그런 정의가 존재하기는 할까? 직역은 글자 하나하나를 정직하게 우리말로 바꾸기일까? 우리말이 조금 어색해도? 의역이라면 텍스트를 조금 바꾸더라도 우리말 체계에 맞추어 번역하라는 뜻일까? 그럼, 번역자가 의도적으로 텍스트에 개입해 단어나 구문을 자의적으로 더하거나 빼는 행위는 어떨까? 그것도 의역에 해당할까? 아니면 그 경우만? 이 경우 나는 대답 대신 썰렁한 농담을 하고 만다. "직역은 영어로 literal translation, 의역은 liberal translation…… 그러니까 직역과 의역은 't'와 'b'의 차이입니다. 직역은 '티'나게 번역하는 것이고 의역은 번역 같지 않게[非] 번역하는 것이래요." 농담을 던지는 이유는 뻔하다. 둘 다 마음에 들지 않기 때문이다. "직역이라는 개념도 의역이라는 개념도 맘에 안 들어요. 어딘가 잘못된 번역을 합리화하려는 저의가 엿보이거든요."

직역, 의역의 관점에서 번역 방식을 구분하면 아마도 다음과 같을 것이다.

1. 출발어 중심의 번역
2. 출발어를 바탕으로 번역하고 도착어로 보완하는 번역
3. 도착어 위주로 번역하되 출발어를 인정하는 번역
4. 오로지 도착어를 지향하는 번역

단순히 '자연스러운 우리말로 번역한다'를 기준으로 직역과 의역을 나눌 경우 다시 '정도'를 고민할 수밖에 없다. 1, 2를 직역의 범주에, 3, 4를 의역의 범주에 넣어야 할까? 아니면 1, 2, 3은 직역이고 4만 의역일까? 아니, 역자가 자의적으로 텍스트를 변형하지 않았으니 1~4까지 모두 직역으로 하고 5의 범주를 따로 만들어 의역으로 정해야 할까?

5. 역자가 텍스트에 개입해 자의적으로 어휘, 구문을 가감하
   거나 내용을 변형한다.

이런 식으로 분류한다고 해도 문제는 남는다. 그럼 직역을
선호한다는 사람들은 1~4 중 어느 단계를 말하는 걸까? 1과 4를
그냥 '직역'으로 묶기에는 그 차이가 엄청나지 않을까? 5의 단
계를 의역이라고 한다면 도대체 역자는 어느 정도까지 텍스트에
개입할 수 있지? 5 역시 개입 정도를 기준으로 분류를 세분해야
하나?

"번역은 반역이다(Traduttore traditore)." 번역가의 자율성,
다시 말해서 의역 가능성을 옹호하기 위해 번역가들뿐 아니라 일
반 독자들 사이에도 자주 등장하는 말이지만, 그 자체가 오역임
을 아는 사람은 그리 많지 않은 듯하다. 이 글은 원래 어느 이탈
리아인이 밀턴의 『실락원』 프랑스어 번역을 읽은 뒤 번역이 작품
의 아름다움과 가치를 모두 훼손했다며 역자를 비난하는 개념으
로, 정확하게는 "역자는 다 도둑놈"에 가깝다.

역자 멋대로 더했다 뺐다 하지 말고 정확하게 옮기라는 주문
이니 의역보다는 직역, 즉 출발어 중심 전통을 강조한다고 봐야
한다. 그래서일까? 우리나라에서도 텍스트의 권력이 강할수록,
즉 고전일수록 출발어 중심 번역이 많은 경향이 있다. 유명한 작
품은 대개 번역 투가 심해진다는 얘기인데 아무래도 원전에 손을
대기가 부담스럽기 때문이겠다. 아무리 그렇다 해도 도무지 무슨

말인지 이해하기조차 어려울 때는 눈살을 찌푸리게 된다.

"직역이 옳으냐 의역이 옳으냐는 의미 없는 논쟁입니다. 세상에는 좋은 번역과 나쁜 번역만 존재합니다."

수강생들한테 결론처럼 하는 얘기다. 번역이란 과연 어떤 의미일까? "외국어를 우리말로 바꾸는 행위?" 아니, 내 생각은 다르다. 번역은 "외국어로 표현한 상황을 우리말로 다시 쓰는 행위"다. 그러니까 말을 바꾸는 게 아니라 글로 표현한다는 의미에 가깝다. 텍스트의 의미를 가감하거나 왜곡하지 않아야 하니 당연히 역자 개입은 적을수록 좋고 의미 훼손은 없어야 하며 최대한 우리글 체계에 맞게 하여 가독성도 높여야 한다. 여기에 의역, 직역이 무슨 상관이란 말인가. 요컨대…… 적어도 내 생각에 좋은 번역이란 4번 도착어 중심에 가장 가깝다. 5는 아예 번역이라고 할 수도 없다.

수강생들한테 이따금 농담처럼 좋은 번역을 위한 "번역의 3요소가 뭔지 아세요?"라고 묻는다. '농담처럼'이라고는 했지만 그건 '번역의 3요소' 같은 구태의연한 구분을 시도해서 미안하다는 뜻일 뿐이다. 어차피 얘기가 나온 김에 다시 한번 물어보자. "좋은 번역을 위한 세 가지 요건이 뭔지 아십니까?" 힌트를 준다면 첫 번째 항목은 '정확성'이다.

잠시 다른 얘기를 해보자. 얼마 전 한 출판사에서 고전번역을 함께할 번역가를 모집한다며 『노인과 바다』 일부를 제시하고 테스트 번역을 모집했다. 출판사는 이메일과 SNS로 테스트 번역이 400여 편 들어왔으며 그중 5편을 선정했다고 발표하였다. 그런데 선정 이유가 도무지 난감했다. "가장 직역에 가까우면서 작가의 문체를 살리려 애쓴 번역자들을 선정했는데, 그럼에도 원문의 대명사, 쉼표, 마침표, 접속사, 행갈이 등 작가의 문체를 온전히 살린 번역은 찾기 어려워 아쉬웠다." 출판사에서 내놓은 설명이 그렇다.

"대명사, 쉼표, 마침표, 행갈이 등 작가의 문체를 온전히 살린 번역"이라니! 행갈이는 모르겠지만 대명사, 구두점 등은 '작가의 문체'가 아니라 해당 언어의 언어습관, 문법체계 문제다. 우리말로 옮기려면 당연히 우리말 문법체계에 따라야 한다. 저런 식으로 번역한다면 보나마나 책은 번역 투로 가득하고 아름다운 우리말은 무참히 망가질 수밖에 없다. 도대체 무슨 생각으로 저런 식으로 번역의 기준을 정했을까? 실제로 출발어의 대명사, 구두점까지 살린 번역은 가능하지도 않지만 바람직하지도 않다.

그 출판사에서 올바른 번역이라고 내놓은 '예'도 황당하고 터무니없기는 마찬가지였다. "'He took another full piece and chewed it'은 '그는 또 다른 온전한 조각을 집어서 씹었다'로 번역해야 한다. 지금까지 국내 번역본은 '노인은 다른 토막 하나를 통째로 집어서 씹어 먹었다'였다"라고 주장했지만, 아무리 보고 또 봐도 내 눈에는 기존 번역이 더 '좋은 번역'이다. 출판사가 내놓은 '예'는 심지어 우리말도 아니다.

다시 돌아와서…… 내가 제안하는 '번역의 3요소'는 다음과 같다.

- 정확성
- 가독성
- 신속성

정확성은 물론 텍스트의 번역요소를 왜곡, 가감 없이 그대로 옮겨야 한다는 뜻으로, 굳이 직역, 번역 투 전통을 찾는다면 바로 이 지점일 것이다. 정확성을 강조하는 번역가들은 텍스트의 요소를 빠짐없이 옮기려는 경향을 보인다. 'about', 'by' 등의 전치사나 외국어에서 비롯한 언어습관은 물론, 심하면 쉼표, 마침표 등 구두점까지 빠뜨리지 않아야 한다고 주장하기도 한다. 위 출판사는 번역의 관건을 오로지 '정확성'(저런 식을 정확성이라 할 수 있을지 모르겠지만)으로만 판단하려 했다.

가독성은 그 반대다. 번역서가 쉽게 읽힌다면 그 뜻은 우리글을 우리글 문법체계에서 구현했다는 뜻이다. 출발어와 도착어의 타협은 역자의 판단이 발생하는 시점이며 또한 '번역에 기술이 필요한' 이유다. 수강생들한테 번역 가독성 문제를 설명할 때 종종 '고래와 붕어'를 예로 든다. 고래가 살려면 바다라는 환경이 필요하고, 붕어가 살려면 저수지라는 환경이 필요하다. 고래를 저수지로 옮겨도 붕어를 바다로 옮겨도 둘 다 죽고 만다. 고래와 붕어를 각각 우리말 기호와 외국어 기호로 바꿔보자. 고래라는 기호가 살기 위해서는 바다라는 환경, 즉 문법체계가 필요하며 그 점에서는 붕어도 다르지 않다. 그 때문에 고래(우리말 기호)만 가져오고 문법체계는 저수지(외국어 환경)를 고수한다면, 고래는 죽은 언어가 될 수밖에 없다. 우리글은 우리글 문법체계에서만 숨을 쉬기 때문이다. 나라면 차라리 이렇게 외치고 싶다. "번역가여, 저자가 아니라 독자의 언어로 번역하라!"

『유시민의 글쓰기 특강』에도 이와 비슷한 내용이 나온다. 인용을 밝히고 여기에 일부 적어본다.

번역서를 읽다 보면 텍스트를 이해하기 어려울 때가 많다. 그럭저럭 이해는 하지만 불편한 느낌을 떨치기 어려울 때도 있다. 여러 이유가 있지만, 가장 큰 문제는 번역서의 문장이 우리말답지 않은 데 있다. 문장을 잘못 쓰면 뜻을 잘 나타내지 못한다. 번역은 남의 나라 말로 된 책을 우리말 책으로 바꾸는 작업이다. 원문의 뜻을 정확하게 전달하는 것은 기본이고 문장의 분위기까지 제대로 전해주면 더 좋다.

사람들은 직역과 의역 가운데 어느 쪽이 나은지 논쟁을 벌이는데, 나는 이것을 의미 없는 논쟁이라고 생각한다. 우리말에 없는 외국어 문장구조를 그대로 둔 채 단어와 표현만 바꾸어놓고서 직역이라고 주장하는 사람도 있는데, 이런 번역을 과연 직역이라고 할 수 있을지 모르겠다. 그냥 틀린 번역이라고 생각한다. 독자에게 전해야 하는 것은 뜻과 느낌이지 원서의 문장구조가 아니다. 문장구조를 그대로 둠으로써 원문의 뜻과 느낌을 그대로 전한다고 생각한다면 착각이거나 오해일 뿐이다. 번역서든 아니든, 우리말 책은 우리말다운 문장으로 써야 한다.

내가 보기에 좋은 번역이란 '정확성'과 '가독성'을 동시에 만족하는 번역이다. 하지만 쉬운 일은 아니다. 강의시간에 매주 과제를 내주고 첨삭을 하고 지도를 하는 이유도 대개는 이 두 요소를 타협하기 위해서다. 정확성을 강조하면 가독성이 떨어지고 가독성에 집착하다 보면 왜곡이 발생한다. 그 간극을 최소화하고 정확성과 가독성을 동시에 (최대한) 만족시켜라. 그 방법이 바로 '다시 쓰기'다.

신속성은 좋은 번역, 나쁜 번역이라는 주제와 조금은 결이 다른 얘기다. 이따금 뉴스를 보면 '10년에 걸친 번역', '평생의 역작' 같은 번역서 관련 소식을 접하게 되는데 내 생각에 좋은 번역이 반드시 번역시간과 정비례하지는 않는다. 오래 붙들고 있다고 번역이 그만큼 좋아지지는 않는다는 얘기다. 번역에도 적절한 시간은 있으며 그 시간은 번역을 시작할 때의 느낌, 목소리(voice), 표현을 유지하면서 끝낼 수 있는 정도여야 한다. 번역 시간이 지나치게 길어지면 오히려 텍스트 전체의 느낌과 표현이 흔들리고 목소리가 달라질 우려가 있다. 조금이라도 매일매일 꾸준히 번역해야 하는 이유다. 최대한 신속하게 번역해야 하는 이유는 또 있다. 번역은 늘 마감과 전쟁을 벌이는 일이다. 외국어는 어렵고 출판사는 기다려주지 않는다. 아무리 명번역이 이유라지만 마감을 자주 어기는 역자를 좋아할 출판사는 어디에도 없다.

번역 투를 어떡할까

"번역서는 번역서다워야 한다."

오래전 출판사 편집장 K와 술을 한잔하는데 그가 불쑥 이렇게 선언했다. 무슨 뜻인지 묻자 "더빙외화를 보면 대사가 우리말인데도 우리말과 분위기가 다르다. 발음과 억양에 살짝 변화를 주기 때문인데 그런 사소한 장치만으로도 외화를 보는 느낌이 살지 않는가? 따라서 번역서도 외국 책을 읽는 느낌이 들도록 해야 한다"라고 대답했다. 요컨대, 번역서에도 외화 더빙처럼 콧소리 (번역 투 문장)를 팍팍 넣으라는 주문이다.

그런 경우는 얼마든지 있다. 블라디미르 나보코프의 『롤리타』가 출간되었을 때 일이다. 세계문학 출간이 한창 유행인 때라 『롤리타』도 두어 개 출판사에서 거의 동시에 나왔고 블로거, 페부커들도 언제나처럼 각 출판사의 번역을 비교하는 글을 게시했다. 잠깐 훑어보니 A출판사는 우리말처럼 자연스럽게 번역했고, B출판사는 읽기가 어려울 정도로 번역 투가 심했다(나중에 알았지만 B는 오역도 심했다). 나는 당연히 A출판사가 이겼다고 생각했는데 댓글을 읽어보니 신기하게도 독자 평이 거의 백중세였다. B 출판사를 지지하는 독자는 A의 번역이 '지나치게 친절'하며, B는 '작품의 난해한 특성을 잘 살렸다'고 평했다. 가만히 생각해보니 독자들은 "가독성이 떨어지면 작품 자체가 심오해서 그렇다"라고 여기는 경향이 있다.

나도 종종 그런 경우가 있다. 『지킬 박사와 하이드 씨』가 인터넷 서점 추천을 받았을 때였다. 서점 MD의 추천사 중 "술술 읽히는 게 아무래도 번역이 의심스럽다"는 뜻의 구절이 들어 있었다. 나야 당연히 우리말 위주 번역을 선호하니 상대적으로 가독성이 높을 수밖에 없다. 그런데 오역이나 오류를 확인해보지도 않은 채 '잘 읽힌다'는 이유만으로 무조건 번역부터 의심하고 나선 것이다. 아아, 술술 읽히게 번역하기가 얼마나 어려운지 언제나 알아줄는지!

"번역서는 번역서다워야 한다." 즉, 원서의 분위기를 살리기 위해 번역서에 '콧소리'를 넣어야 한다는 주장이 성립하려면 다음과 같이 두 가지 전제가 먼저 해결되어야 할 것 같다.

- 이국적인 분위기를 살리기 위해 어색한 번역 투가 꼭 필요한가?
- 콧소리가 과연 이국적인 분위기를 살릴 수 있는가?

두 가지는 비슷한 얘기 같지만 꼭 그렇지만은 않다. 첫 번째는 자연스러운 우리말만으로 이국적인 분위기를 낼 수 없는가에 대한 질문이고, 두 번째는 그렇지 않을 경우 콧소리, 즉 번역 투를 활용하면 정말로 이국적인 분위기가 나느냐는 문제이기 때문이다. 결론으로 말하면 난 '둘 다 아니다' 쪽이다.

내가 보기에 번역 투와 이국적 분위기는 그다지 상관관계가 없다. 인문, 과학 분야 책이야 글 분위기에 개의치 않으니 당연히 이국적 분위기가 필요하지 않을 테고 소설, 에세이 등 감성적인 글 또한 이국적 분위기는 번역 투보다 오히려 텍스트 본래의 분위기, 등장인물의 감성, 이국적 풍경, 생활습관 등에서 자연스럽게 드러난다. 예를 들어, 아이가 잘못했을 때 부모가 "Go to your room!"이라고 하면 번역을 어떻게 하든 이국적이다. 마을 풍경이나 일요일에 사람들이 옷을 차려입고 교회로 가는 장면 역시 이국적일 수밖에 없다. 다시 말해서 그 자체로 이국 느낌이기에 굳이 형식적인 덧칠을 할 필요가 없다는 뜻이다.

두 번째도 마찬가지다. 유명 번역가의 번역서가 나오면 신문이나 잡지에 역자 인터뷰를 싣는 경우가 있는데, 인터뷰 내용은 열이면 열 "작가의 의도를 살리는 데 초점을 두고 번역했다"다. 작가의 의도를 살리자는 데에야 불만이 없지만 그 의미가 '번역 투를 남발했다'는 쪽이라면 정말로 사양하고 싶다. 솔직히 말하면 '작가의 의도를 살린다'는 말도 싫어한다. 텍스트는 텍스트일 뿐 텍스트 밖에는 아무것도 없다. 그런데 텍스트로 작가 의도를 어찌 알 수 있단 말인가? 그런 까닭에 '작가의 의도', '원전의 분위기'

운운할 경우엔 대부분 "작가가 쉼표를 사용했으니 번역도 그 의도를 살려야 한다"라든가 "작가가 왜 이런 표현을 사용했는지 고민할 필요가 있다"는 식으로 외적 문제를 거론하고 나선다. 결국 번역 투가 작가의 의도를 살린다는 주장과 진배없다.

"번역서는 번역서다워야 한다." 이 주장에는 번역 투가 작가의 언어라는 믿음이 짙게 깔려 있다. 예를 들어, "He lived a happy life"를 "그는 행복한 삶을 살았다"라고 번역해야 작가의 문체를 잘 살렸다고 믿는 식이다. 작가니까 당연히 단어 하나하나를 신중하게 선택했을 것이다. 부사 하나, 형용사 하나 선택할 때도 글맛, 글멋을 살리기 위해 고치고 또 고쳤으리라. 호흡을 따지고 리듬을 고려해 쉼표를 하고, 마침표로 문장을 닫았으리라. 하지만 그건 외국어의 형용사이고 외국어의 쉼표다. 작가의 언어 이전에 한 나라의 언어라는 얘기다. 그렇기에 "He lived a happy life"는 외국인 독자에게 자연스럽다 해도 "그는 행복한 삶을 살았다"는 우리 독자에게 어색할 수밖에 없다. 우리글이 아니기 때문이다. 외국인이든 내국인이든, 독자에게 자연스럽지 못하다는 데 과연 어느 작가가 좋아할까? 작가가 독자에게 자연스럽지 못한 글을 '의도'했을까? 기호는 언어체계, 문법체계 안에서만 의미가 있다. 기호는 우리말, 문법체계는 영어를 따른다면 이미 그 글은 글이 아니다. 아니, 애초부터 그런 식의 '콧소리'가 이국적 분위기를 살리고 작가의 의도를 표현한다고 믿는 자체가 어불성설이다. 우리가 외국어, 영어에 정통하지 못한 바에야 영어의 느낌을 아무리 더해봐야 이해하지 못한다.

"번역 투가 꼭 나쁜 것만은 아니다. 우리말의 한계를 극복하고 표현의 지평을 넓히는 역할도 하지 않는가."

번역 투 얘기가 나오면 반론처럼 나오는 말이다. 우리글도 한계가 있으니 이국적 표현으로 보완하면 좋지 않겠느냐는 뜻이리라. 실제로 우리말은 형식보다 내용을 중시하는 탓에 문법체계가 느슨하다. 그래서 번역 투가 끼어들 소지가 많다. 물론 장단점이 있다. 단점이라면 외국어에 쉽게 오염된다는 것이고 장점이라면 그 덕분에 언어 선택이 풍부해지며 표현의 한계를 넓힐 수 있다는 것이다. 그 주장에는 나도 반대하지 않는다. 그렇다 해도 번역 투 남발은 옳지 않다. 이국적 표현, 번역 투를 쓰고 싶으면 정말로 우리말 표현의 한계를 극복할 필요가 있을 때만 사용하자. 최대한 삼가자는 말이다. 영어가 수동태로 되어 있다고 수동태로 번역하고 작가가 형용사로 표현했으니 우리도 관형어로 옮겨 적어야 한다는 식의 사대주의적 사고는 곤란하지 않은가.

번역청은 필요한가

4년 전쯤 충동적으로 더는 출판번역을 하지 않겠다고 선언한 적이 있다. 당시에는 이북(e-book)출판사를 만들어 내가 직접 텍스트를 발굴하고 출간하겠다며 나름 거창한 포부를 밝히기도 했지만(지금은 둘 다 모호한 상태다. 출판번역을 그만두지도 못했고 출판사는 시작도 해보지 못하고 폐업했다) 그 이면에는 번역가가 아닌 생활인으로서 고민이 있었다. 한 분야에서 15년 정도 싸웠으면 전문가라는 말도 듣고, 사회적·경제적 안정도 어느 정도 주어졌으면 싶건만 어찌된 일인지 번역료는 오르기는커녕 심지어 내려가기까지 하고 또 지급기일마저 마냥 늦춰졌다.

직접적인 계기도 있었다. 어느 날, 출판사 담당 편집자가 전화해서 회사 방침이라며 번역료를 삭감해야 하니 양해해달라고 했다. 출판계 상황을 모르는 바도 아니고 평소에도 번역료 담판에 취미가 없는 터라 이해한다고 대답은 했지만 한숨이 나오는 것은 어쩔 수 없었다. 얼마 전부터는 어려운 소설 의뢰가 많아져 번역 속도가 늦어진 데다 번역료 지급은 출판사를 막론하고 미루기 일쑤라 아내한테도 은근히 눈치가 보였다. 그래서 생각한 게 이북출판사였다. 아직 시장이 크지는 않지만 지금부터 준비해 몇 년 고생하면 그래도 길이 보이지 않겠느냐는 나름의 계산도 있었다.

중견번역가인 내가 이런데 이제 막 번역서를 내기 시작한 초보번역가들은 오죽하겠는가? 처음 번역했을 때 6개월간 3,000매 정도를 작업하고 받은 돈은 300만 원에 불과했다. 그 후에도 매당 2,000원짜리 번역을 여러 번 맡았지만 그때는 그렇게 일거리가 들어온다는 사실만으로도 고마웠다. 지금은 그때보다 얼마나 좋아졌을까? 그사이에 표준계약서가 도입되었으니 초보번역가에게는 다소 유리해졌을지 모르나 시간이 지날수록 작업 환경이 나아지기는커녕 나빠지기만 하는 터라 한숨은 커져만 간다. 출판계가 어려워질수록 번역가의 처우 또한 나빠질 수밖에 없다. '외주업자'가 바로 번역가의 신분이다. 출판계에서 을 중의 을이라는.

판매 인세가 아니라 일시불 지급인 매절로 계약할 때 번역료는 대체로 3,500~4,500원 선이다. 말인즉슨 연봉 4,000만 원 정도를 기대한다면 검토, 검색, 교정 등을 포함해서 매달 1,000매 정도를 꾸준히 번역해야 한다는 얘기지만, 결코 쉬운 일은 아니다. 주변 동료 번역가들을 보더라도 500~600매가 대부분인 듯하다. 그렇게 본다면 번역가의 평균연봉은(꾸준히 작업할 때) 겨우 2,000~2,500만 원 정도다. 혼자 산다면 모를까 가정을 꾸리고 생계를 책임져야 하는 처지라면 고개를 절레절레 흔들 수밖에 없다.

이 상황을 자본주의 사회의 먹이사슬로 본다면 할 말이 없다. 출판은 이제 더는 수지맞는 사업이 아니고 번역가는 그 시스템의 일부이므로 경제적 불이익을 감수해야 마땅할 것이다. 문제는 그 불이익이 번역가한테서 그치지 않는다는 데 있다. 일차적으로 독자에게 확대되고 궁극적으로는 국가 전체의 문제로 커질 수밖에 없다. 이렇게 번역가 그룹이 공멸해도, 번역이 나날이 형편없어져도 문화와 학문이 발전할 수 있을까? AI 인공번역기는 무슨 수로 만들까? 좋은 번역 데이터가 많아야 알고리즘을 만들 수 있다던데? 투자가 없으면 발전도 없다. 번역은 외국어 실력 더하기 우리말 실력뿐 아니라 폭넓은 교양에 전문가에 준하는 지식까지 갖추어야 가능한 고도의 작업이다. 다시 말해, 개인에게 소양을 갖출 기회가 없다면 투자를 해서라도 키워야 하는 전문인력이라는 뜻이다. 지금은 대부분 교육도 받지 않은 채 알음알음으로 번역을 맡기고 번역을 하는 게 일반적이다. 번역 품질에 불만이 많고 오역 시비가 끊이지 않는 이유도 여기에 있다. 정부는 투자에 관심이 없고 능력과 자질이 있는 사람이 경제적 어려움을 무시하면서 뛰어들 이유도 명분도 없다.

『번역청을 설립하라』의 저자 박상익 교수(우석대)의 선도로 '번역청을 설립하라'가 청와대 청원에 오른 적이 있다. 목표인 20만 명 동의에는 근접도 하지 못했지만 대한민국 학문 발전을 위해서라도 번역을 국가사업화해야 하며, 그것도 더는 미룰 수 없다. 박상익 교수는 번역청이든 뭐든, 국가가 적극적으로 개입하여 번역을 도로, 항만, 철도, 통신 같은 사회간접자본으로 인식해야 한다고 주장한다. 옳은 얘기다. 동서고금을 막론하고 학문, 문화 발전의 기반이 번역이라는 사실은 변함이 없건만 유독 우리나라 정부만은 번역에 전혀 관심이 없다. 인공지능 번역이 필요하다면, 무엇보다 국가 주도로 번역방식을 표준화하고 그에 맞춰 다양한 분야의 도서를 번역해야 한다.

중요한 지적이지만 솔직히 말하면 인문학 발전도 인공지능 번역기도 내 관심 밖이다. 아니, 그보다 내 코가 석자라는 표현이 더 낫겠다. 번역가로서 국가가 번역에 개입했으면 하고 바라는 이유는 단 하나다. 번역가의 생계와 처우 개선. 그러니까 1년에 5,000매 이상 번역하는 역자들의 번역료를 매당 6,000~10,000원으로 책정하고 그 차액을 정부가 보장하며 번역 교육을 국가가 전면 지원한다……. 이런 식으로 말이다. 물론 터무니없는 바람이다. 그냥 답답해서 하는 얘기지만 어쨌거나 누가 뭐래도 번역의 주체는 번역가다. 번역이 중요하다면 번역가를 대접하면 된다. 그럼, 번역에 조금이라도 더 정성과 노력을 들이고 능력 있는 사람들도 당당하게 번역을 업으로 삼을 것이다.

번역가라고 해서 모두가 번역청 설립 운동에 찬성하는 것은 아니다. "국가 주도의 문화사업이라는 게 말이 안 된다." "번역청의 관심이 번역가가 아니라 번역에 있는 한 교수들 좋은 일만 시킬 것이다" 등 내가 보기에도 타당한 지적이 많다. 『번역청을 설립하라』에서는 "미국과 유럽에서는 중국학과 한국학 전공의 석사-박사학위 논문 절반 이상이 번역으로 채워집니다. 그러나 우리는 번역을 학문적 업적으로 인정조차 하지 않지요"라며 교수 중심 번역과 인문학 발전에 방점을 두기도 했는데, 일이 그런 식으로 진행된다면 번역청은 번역가가 아니라 교수들 이익집단이 될 가능성도 분명 존재한다. (그런데 교수가 번역가는 아니지 않나?) 아무리 목표를 거창하게 세운다 해도 번역을 담당하는 사람은 번역가다. 번역가를 고려하지 않는다면 그 어떤 번역정책도 공염불일 수밖에 없다. 국가가 정말로 나서야 한다면 번역정책을 수립하고 번역가를 양성하고 번역가의 처우를 개선하라. 백년대계, 미래 사업으로서 번역은 그곳에서 출발한다.

그래도 난 번역청 설립을 지지한다. 번역청이 행여 번역가가 아니라 교수들을 위한 기관이 된다 해도 마찬가지다. 이유는? 지금으로서는 유일하게 의미 있는 운동이기도 하지만, 그렇게 해서 정말로 번역청이 생긴다면…… 우리 정부가 번역에 관심을 둔 최초의 사례가 아닌가?

인공지능 번역에 대하여

언젠가 한 출판사 A 대표와 술을 한잔하다가 "AI번역, 어디까지 왔나?"라는 주제로 논쟁을 벌였다. 내 생각은 당연히 "아직 아주아주 멀었다" 쪽이었다. 그렇게 주장한 이유로 든 것이 '95퍼센트의 함정'이었다. 메뉴얼 번역이나 간단한 통역이라면 모르겠지만, 출판번역은 글뜻뿐 아니라 글맛에 글멋까지 챙겨야 하는 고도의 작업이다. 설령 AI가 95퍼센트 가까이 완성도를 보인다 해도, 나머지 5퍼센트를 채우려면 어차피 번역가 수준의 인력이 번역과정에 맞먹는 노력과 시간을 투자해야 한다고 믿기 때문이다. 그렇게 될 경우 번역가가 기계 뒤치다꺼리나 하는 신세로 전락할 수는 있겠다. A 대표는 머지않아 그 5퍼센트마저 무시하게 된다며 반박했다. 하기야 그럴 법도 하다. 5퍼센트 오류를 눈감을 수 있다면 막대한 번역 비용과 시간을 절감할 수 있으니 출판사도 독자도 마다할 바는 아닐 것이다. 아니, 그렇게 되면 출판사가 필요 없으려나? 해외에서 (어쩌면 작가에게서 직접) 전자 파일을 구입해 번역기에 돌리면 그만일 테니 왜 아니겠는가.

솔직히 나로서는 믿고 싶지 않은 얘기다(번역가 아닌가! 믿고 싶을 리가 없다!). 번역은(출판도 마찬가지지만) 고도의 지성과 기술이 필요한 직업이다. 단어 하나하나, 표현 하나하나를 선택할 때마다 판단과 선택을 하고, 그것도 모자라 수차례 교정 작업을 거친다. 그런데 가치판단 능력조차 없는 기계가 이진법 알고리즘으로 '단순선택'한 언어들을 무조건 믿겠다고? 단지 돈과 시간이 적게 들어간다는 이유만으로? 하기야 내가 믿고 싶든 믿고 싶지 않든 불가능한 미래는 아니라니 할 말은 없다.

그렇다면 95퍼센트 완성도의 인공지능 번역은 얼마나 가까운 미래에 일어날 일일까? 예를 하나 들어보자. 2017년 2월 17일, 세종대학교에서 기계번역기와 인간번역가의 번역 대결이 있었다. 번역가 네 명과 구글번역기, 네이버번역기 파파고, 시스트라는 번역기가 기술 영역, 비즈니스 영역, 시사 영역 세 부분에 걸쳐 경쟁을 벌였다. 결과는 기계번역기의 참패였다. 속도를 제외한다면, 기계번역은 문장 하나 제대로 구성하지 못하는 수준이었다. 완성도 95퍼센트는커녕 30~40퍼센트가 고작이었다.

내가 걱정하는 좀더 근본적인 이유는 번역가를 가까운 미래의 사양직업쯤으로 여길 우려 때문이다. 앞으로 기계가 번역을 도맡아 할 텐데 번역가가 무슨 소용이겠는가? 그렇다면 언제쯤에야 번역기가 95퍼센트 고지를 점령할 수 있을까? (내 판단에 95퍼센트 완성도가 아니면 의미가 없다. 그 이하로는 책이라고 할 수 없으며 그 미완의 원고를 책으로 만들려면 어차피 번역가가 번역하는 것 이상의 기술과 노력을 쏟아부어야 한다.) 사실 내가 인공지능이나 뇌과학을 공부한 것이 아니라 함부로 떠들 일은 아니다. 그 분야의 연구가 어디까지 왔는지도 알지 못한다. 하지만 아무리 과학이 발달했다 하더라도, 번역기가 번역가를 대체하려면 그밖에도 충족해야 할 조건은 있다. 이 두 조건이 채워지지 않을 경우 아무리 기술이 발달해도 인공번역기는 영원히 남의 얘기가 될 것이다. 적어도 내 생각은 그렇다.

- 번역데이터의 충분한 확보
- 번역 기술의 표준화

번역기가 제대로 알고리즘을 갖추려면 그만큼 데이터양을 축적해야 한다. 우리는 과연 번역데이터를 충분히 확보하고 있을까? 대답은 당연히 "그렇지 않다"다. 구글번역 최고담당자 마이크 슈스터는 "보통 기계한테 한 쌍의 언어 번역을 훈련시키는 데는 1억 개의 학습 사례가 필요하다"(2017년 9월 14일 개최한 '스마트클라우드쇼 2017'에서 발표한 사례이며, 인용문도 관련 기사에서 스크랩했다)라고 했지만 우리나라에 의미 있는 번역서가 그렇게 많을 리 없다. 일본은 이미 100년 전에 번역의 중요성을 인지하고 국가가 앞장서서 서양 고전을 비롯해 거의 모든 자료를 일본어로 번역했건만 기계번역만큼은 여전히 먼 미래 얘기다. 우리 정부야 그 필요성조차 모르거나 애써 무시하는 실정이다. 박상익 교수를 비롯해 뜻있는 분들이 앞 다투어 번역청을 설립해야 한다고 외치는 이유다.

번역기를 개발하려면 역설적이게도 역량 있는 번역가가 더욱더 필요하다. 양질의 번역데이터를 구축하려면 그만큼 많은 텍스트를 '번역해야' 하기 때문이다. 번역가는 결코 사양직업이 될 수 없다. 적어도 가까운 미래는 아니다.

마이크 슈스터는 이렇게 말하기도 했다. "방대한 데이터를 수집하더라도 번역의 질이 좋은지 나쁜지를 판단해 실제 번역 결과로 제시할 문장과 그렇지 않은 문장을 골라내는 알고리즘을 만들어야 한다." 요컨대 번역에도 표준화가 필요하다는 얘기다. 번역데이터가 아무리 많아도 품질이 나쁘면 의미가 없다. 어떤 번역이 좋고 나쁜지를 알고리즘으로 걸러내야 하는데, 이를 프로그래밍하려면 당연히 번역 방법을 표준화해야 한다. 표준화하지 않으면 아무리 열심히 번역한다 해도 프로그래밍으로 거를 수 없기 때문이다.

언제쯤 인공번역기가 인간번역가를 대체할 수 있을까? 나야 짐작도 못 하지만 언젠가는 부분적으로나마 인공번역기에 의존하는 날이 올 것이다. 아니, 가까운 미래가 아니리라는 내 판단도 희망사항에 불과할지 모르겠다. 어쩌면 번역기계가 가치판단을 하지 못해도, 번역데이터가 충분하지 않아도 번역을 완벽하게 해낼지도 모르겠다. 표준화 없이 알고리즘을 만들지도 모르고, A 대표 주장처럼 95퍼센트가 아니라 90퍼센트, 아니 70~80퍼센트 완성도에 우리가 만족하지 말란 법도 없다. 그래도 난 여전히 번역은 인간번역가의 몫이어야 한다고 주장하련다. 그만큼 책과 글의 가치를 믿기 때문이다. 한 땀 한 땀 수를 놓아가듯, 한 글자 한 글자 고민하고 판단하고 선택하며 자아내는 텍스트의 매력을 기계나 로봇이 만들어낸다고 믿고 싶지는 않다.

마이크 슈스터의 말을 다시 인용하는 것으로 마무리 겸 위안을 삼고자 한다. "아무리 기계의 번역 기술이 좋아져도 번역기가 인간의 통·번역 활동을 완전히 대체할 수는 없으며 인류는 여전히 외국어를 학습해야 한다."

Part 2
번역이라는 글쓰기

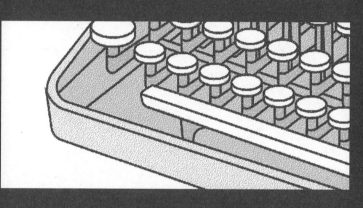

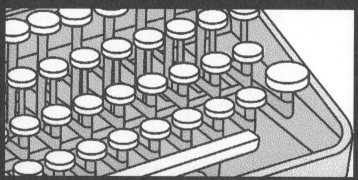

4장____번역은 기술이다

번역은 왜 기술이어야 하나

오래전 페이스북에 "번역은 기술이다"라고 적었더니 후배 번역가가 "너무 서글프다"는 댓글을 달았다. "번역은 제2의 창작이다"라는 주문을 굳게 믿는 친구이기에 살짝 기분이 상했던 모양이다. 왜 번역이 굳이 창작이어야 하는지는 모르겠지만(장인도 예술가만큼 멋지지 않나?) '제2의 창작'이라는 말도 모호하고 우스꽝스럽기만 하다. 어쨌거나 '제2'든, '제3'이든 번역은 '기존의 창작물을 유사하게 재현해낸다'는 점에서 무에서 유를 만들어낸다는 뜻의 창작(creation)과는 거리가 멀다. 번역가에게도 '상상력'이라는 덕목이 필요하지만, 그 역시 새로운 표현, 새로운 이념을 만들어내기보다 언어 패러다임에서 가장 적절한 표현 하나를 '선택'하는 능력에 불과하다. 요컨대 창조가 아니라 모방을 위한 상상력이라는 얘기다.

길을 가다 보면 이따금 석공예 공장을 지나치게 되는데 그곳에 전시한 불상, 해태상, 분수 등을 보면서 저 공예품들을 만드는 과정이 번역을 닮았다는 생각을 한다. 이미 존재하는 예술품을 재현해내니 예술, 창작 과정과는 거리가 멀다. 제품을 완성하기까지 작업자는 상상력보다 그간 갈고닦은 기술을 활용해 작업할 것이다. 이 부분은 이런저런 종류의 정이나 끌을 사용하고 이 단계에는 그라인더가, 저 단계에는 사포가 필요하고 등 어떤 도구를 어떻게 사용할 것인지가 더 중요하다. (작가에게도 기술이 필요하겠지만 어쨌든 기술보다는 상상력이 먼저다.) 당연히 숙련도가 높을수록 작업 속도는 빨라지고 품질은 좋아질 수밖에 없다.

번역도 다르지 않다. 혹자는 외국어를 잘하고 우리말을 잘 다루면 번역은 자연히 잘할 수 있다고 믿지만, 외국어와 우리말 능력은 번역하기 위한 도구에 불과하다. 좋은 타자기가 있다고 저절로 글이 나오지 않듯이, 도구를 마련했으면 이제 그 도구를 어떻게 사용할지 배우고 익혀야 한다. 어떻게? 기술을 배워서.

번역을 하고 번역을 가르치면서 나름 기준을 정하고 그 기준에 충실하려 노력하지만 그렇다고 내 기준만이 옳다고 주장할 수는 없는 노릇이다. (세월이 흐르면서 미묘하게 변하기도 한다.) 애초에 번역 방식의 기준, 표준을 마련하는 일은 권위 있는 기관에서 권위자들의 공론을 거쳐 진행해야 한다. 2014년 외국어대 통번역대학원 주최 심포지엄에서 주제발표를 하면서 통번역대학원 같은 기관에서 번역 표준화에 앞장서달라고 당부했지만 아직 이렇다 할 움직임은 보이지 않는다. 실은 인공지능 번역 시대를 위해서도 시급한 문제다.

창작에 작가의 목소리가 중요하다면 번역은 그와 반대로 최대한 목소리를 억제하고 숨겨야 한다. 행여 번역가가 작가처럼 저마다 목소리를 드러내고 그 목소리를 좋은 번역의 예라고 주장한다면 번역의 기준과 표준은 번역가 수만큼 많아질 것이다. 그럼 좋은 번역과 나쁜 번역을 구분하는 기준을 세우기는 불가능해진다. 번역에는 일관된 기준이 필요하다. 그 기준에 따라 훈련하고, 그 기준에 따라 작업하며, 그 기준에 따라 올바른 번역과 잘못된 번역을 구분할 수 있어야 한다.

이른바 '번역 기술을 표준화'하기 위해 나름대로 기본전제를 정리해보았다.

- 번역은 기술이다. 따라서 전수가 가능해야 한다. 번역을 가르치고 배워야 하는 이유다.
- 예술과 달리 기술은 표준화를 전제하고 지향한다.
- 표준화는 시대적 요구와 흐름에 따라야 한다. 포스트모더니즘 시대에 고전주의 시각을 강요할 수는 없다.

번역은 기술이다. 지식이 아니라 기술인 까닭은 머리로 배우는 데 그치지 않고 몸으로 체득하고, 습관처럼 활용이 가능해야 하기 때문이다. 이따금 정규 강의 외에 특강도 하는데, 번역하는데 필요한 지식이라면 두 시간 정도 특강으로도 충분하다. 실제로도 특강에서는 나름의 노하우를 빠짐없이 설명한다. 사업 밑천을 다 내놓는다는 얘기지만, 그렇게 할 수 있는 이유는 당연히 이론을 배우는 것만으로는 부족하다고 믿기 때문이다. 직접 번역을 해보면 외국어 텍스트의 유혹은 생각보다 강하며, 여기저기 상상도 해보지 못한 함정으로 가득하다. 훈련 과정 없이 지식만으로 번역할 경우, 끝내는 텍스트의 유혹에 넘어가 자신도 모르게 번역 투 문장을 양산하고 만다. 그와 반대로 정기 강의는 짧은 이론 수업을 빼면 대부분 반복과 훈련에 집중한다. 지금은 입문반 4주와 심화반 10주를 운영하는데, 매주 번역과제를 내주고 첨삭을 하고 잘못된 부분을 바로잡고 더 나은 표현을 제안하고 동료 수강생들의 과제와 비교하게 한다. 그렇게 반복하는 과정에서 수강생들의 번역은 조금씩 자리를 잡고 실수는 줄어들고 문장은 탄탄해진다. 훈련과 연습을 충분히 충실하게 거쳐야 기술은 온전히 자기 것이 되고 자연스럽게 활용도 가능해진다. 좋은 번역도 나쁜 번역도 습관에서 나온다. 수강생들에게 늘 하는 얘기다.

기술에는 표준화가 필요하다. 그래야 가르치고 배운다. 좋은 번역과 나쁜 번역을 구분할 기준과 안목이 생긴다. 뒷날 인공 번역을 위해서라도 좋은 번역을 데이터로 축적하고 적절한 알고리즘을 만들 수 있다. 개중에는 번역을 표준화하면 누가 번역하든 대동소이하지 않느냐며 걱정하지만 이는 표준화 개념을 잘못 이해한 탓이다. 표준화는 번역을 통일하자는 얘기가 아니라 번역 방식에 공인된 기준을 정하자는 뜻이다. "독자 중심의 언어로 번역한다." "부사어를 적절히 활용한다" 등이 그 예가 될 터인데 그런 기준에 따라 작업한다 해도 번역가의 능력, 성격, 문체 등에 따라 결과물은 천차만별일 것이다. 번역을 편곡에 비유한다면(작곡이 창작이라는 점에서) 트로트에서 재즈까지 얼마든지 변조가 가능하다.

마지막으로, 기술에 표준화가 필요하다면 표준화는 시대에 걸맞아야 한다. 당연한 얘기 같지만, 우리는 21세기 포스트모더니즘 시대를 살면서도 번역만큼은 여전히 18세기 고전주의 기준에서 벗어나지 못하고 있다. '원서 중심주의'가 그렇고 '작가의 의도' 운운이 그렇다. 심지어 "가장 직역에 가까우면서 작가의 문체를 살리려 애쓴 번역자,…… 원문의 대명사, 쉼표, 마침표, 접속사, 행갈이 등 작가의 문체를 온전히 살린 번역"이라는 웃지 못할 번역 원칙을 내세우는 출판사도 있다지 않은가.

시대 흐름에 따른 번역 원칙? 이름을 거창하게 붙이기는 했지만 21세기 포스트모더니즘을 정의하고 그에 따라 포스트모더니즘 시대의 번역은 이래야 한다고 주장할 능력이나 자격이 이 책이나 나한테 있을 리가 없다. 대학원 석·박사 시절 포스트모더니즘 비평을 전공하기는 했어도 벌써 20~30년 전 일이라 기억도 가물가물하다. 다만 당시의 배움과 훈련이 몸에 밴 터라 나로서는 번역을 포함해 여타의 텍스트를 포스트모더니즘적 시각으로 대하는 게 지극히 자연스럽다고 말할 수는 있다. 실제로도 그간 의 경험과 삶을 바탕으로 번역을 보건대 이론이나 이즘이 필요한 것도 아니다. 행여 더 섬세한 이론화 작업이 필요하다면 그건 뒷날 번역학자를 비롯한 학자들의 몫이리라. "여백을 번역하라"는 이를테면 번역을 하고 가르치면서 터득한 나름대로의 21세기 번역 기준인 셈이다.

과거 영문과 학생들한테 시대사조를 설명하기 위해 각 시대의 텍스트 읽는 방식을 나름대로 구분해본 적이 있다.

- 작가가 드러낸 의도를 읽는다: 고전주의
- 작가가 감춰놓은 의도를 읽는다: 모더니즘
- 작가가 모르는 작가의 무의식을 읽는다: 포스트모더니즘

지나치게 단순화했다는 생각은 들지만 그럼에도 학생들의 이해를 돕는 데에는 이만한 도식이 없었다. 그림형제의 동화 『백설공주』를 예로 들어보자(『백설공주』 얘기는 뒤에서 다시 등장한다). 그 동화에서 "선은 권하고 악은 벌한다"는 식의 '권선징악'을 주제로 읽어낸다면 고전주의적 관점이라 할 수 있다. 정확히 작가의 의도와 일치하기 때문이다. 어린 시절 『백설공주』를 읽은 대부분에게 익숙한 해석이기도 하다.

그런데 형제는 '선'을 '흰색', '악'을 '흑색'으로 양분함으로써 백인 우월주의를 은밀하게 드러냈는데 독자가 그 숨은 의도를

읽어낸다면 모더니즘적 읽기에 해당한다.

포스트모더니즘은 좀더 복잡하다. 1976년 출간된 페미니즘 문학이론서 『다락방의 미친 여자(The Mad Woman in the Attic)』에서는 『백설공주』를 분석해 '남성 중심 사회를 확대 재생산하기 위한 여성 훈련용 교과서'라는 특별한 주제를 밝혀냈다. 이는 물론 그림형제도 생각하지 못한 내용이었다. 지금은 어렴풋하지만 그때 분석에 응용한 방식이 '여백, 침묵의 언어 읽기'였다. 그 분석이 옳든 아니든 적어도 포스트모더니즘의 텍스트 읽기, 여백 읽기는 고전주의, 모더니즘과 다르다는 전제는 남는다.

번역도 별반 다르지 않다. 텍스트에서 무엇을 읽을지의 문제는 무엇을 번역할지의 문제로 환원할 수 있다. 전에도 언급했지만 내가 추구하는 번역은 '외국어를 우리말로 바꾸는 작업'이 아니라 '외국어로 표현한 상황을 우리말로 다시 쓰는 과정'이다. 따라서 번역(translation)은 해석(interpretation)을 전제로 한다. 예를 들어, 『백설공주』에서 여왕이 공주에게 선물한 '사과'에 '성적인' 의미가 숨어 있다고 가정할 때 번역 역시 고민할 필요가 있다. 작가가 드러낸 기표는 'apple'이지만 그 단어를 그대로 우리말 '사과'로 번역해도 두 번째 숨은 의미(여백의 의미), 즉 성적인 뜻을 읽어낼 수 있는지는 또 다른 문제이기 때문이다. 성적인 의미를 살리고자 하면, 우리말로는 '복숭아'나 '앵두'가 더 적당할 테지만 아무튼 "여백을 번역하라"는 바로 그런 고민에서 출발한다.

용어가 문제다

번역글은 우리 입말과 문법체계에 순응해야 한다고 강조는 하지만 정작 독자들은 어느 정도 번역 투는 그다지 문제 삼지 않는 듯하다. 뜻만 통한다면 번역 투를 번역서의 양념 정도로 여기는 이들도 적지 않다. 앞서 얘기했듯이 번역서가 술술 읽히면 무턱대고 번역을 의심하거나 번역 투 때문에 가독성이 떨어진다 해도 오히려 심오한 작품이라며 반기는 경우가 있다.

그보다 독자들의 관심은 용어 선택에 있다. 아무래도 문장 구성이 상대적인 반면 어휘 선택은 절대적 측면이 강하기 때문일 것이다. 전문가, 마니아층이 많아지고 SNS라는 공간이 개입 기회를 넓혀준 것도 이유라면 이유겠다. 자칫 잘못된 어휘를 사용할 경우 독자들의 비판은 각오해야 한다. 더욱이 마니아층이라면 약간의 용어 실수에도 민감하게 반응하기 마련이다.

나 역시 지금껏 번역하며 지적을 받은 적이 여러 번 있다. 예를 들어, Juana를 후아나가 아니라 주아나로 표기하고 법정 스릴러에서 '변호인'과 '변호사'를 구분하지 못했다든지, 밀리터리 소설에서 무기 설명에 오류가 있다든지 하는 경우다. 앞서 잠깐 얘기했듯이 밀리터리 SF 스릴러를 의뢰받을 때 담당 편집자가 "선생님, SF 마니아들이 장난 아니에요. 혹시 모르니까 이번엔 필명을 쓰면 어떨까요?"라고 걱정스럽게 제안한 적이 있다. 말인즉슨, 자칫 용어 선택에서 실수했다가 독자들에게 상처를 받을 수 있다는 뜻이었다. 나로서는 고마운 제안인지라 선뜻 받아들였고 그 후 다른 이유로 한 번 더 필명을 내세워 지금은 필명으로 된 번역서가 두 편이나 된다.

수강생들한테도 솔직하게 얘기한다. "여러분한테 '번역은 글쓰기'라고 강조하지만 크게 문제만 없다면 독자들은 별로 개의치 않아요. 정작 비난을 받는 경우가 있다면 용어입니다. 고유명사를 잘못 표기하거나 전문용어를 오해하는 경우, 단어 뜻을 헷갈린 경우죠. 독자들은 대부분 전문가이거나 마니아라고 생각해야 해요."

그런데 번역 투야 기준이 있으니 훈련으로 극복할 수 있다지만 용어 선택은 개인의 소양 문제일 경우가 많다. 그전에 읽기와 쓰기 경험이 많은 지망생들은 비교적 오류가 없는 반면 그렇지 못한 사람들은 단어의 미묘한 의미 차이를 선뜻 이해하지 못한다. 예를 들어, '배치/배속', '물고기/생선', '사실/실상' 등을 헷갈리거나 인류학 서적에서 '영농과 목축'을 '농사와 사육' 정도로 무성의하게 처리하는 경우다. 『오역천하』의 박정국 씨는 자신의 블로그에서, 『정의란 무엇인가』의 역자가 'a law against price gouging'을 '폭리처벌법'이라고 번역했다며 비난한 바 있다. 사실 표현이 거칠기는 해도 옳은 지적이다. 폭리는 처벌 대상이 아니라 규제나 단속 대상이기 때문이다. 그 책에서 'just price'를 '공정가격'으로 번역한 것도 잘못이다. 가격을 '전통과 재화의 내재가치'로 정한다면 '적정가'이지 '공정가'는 아니다.

번역가 개인의 경험과 소양이 더 문제라고 했으니 무엇보다 책을 많이 읽고 글을 써서 어휘 감각을 키워야겠지만, 솔직히 어느 번역가가 모든 분야의 어휘에 정통하겠는가. 소설을 번역하든 과학서나 경영서를 번역하든, 번역가는 그 분야의 용어에 정통해서가 아니라 그 반대로 자기 한계를 잘 알기에 의뢰를 맡는다. 당연히 그 한계를 어떻게 극복할지도 알고 있다. 전문가에게 도움 청하기다. 그 전문가가 사람이어도 좋고 인터넷이어도 좋다. 실수를 줄이려면 장애에 부딪힐 때마다 지극히 겸손하게 자신을 낮추고 도움을 청하는 수밖에 없다. 경험이 쌓이다 보면 어느 단어, 어느 구문을 만날 때 '아, 이런 경우는 검색이든 질문이든 해야겠구나' 본능적으로 알 수도 있다. 그러니까 역사서에서 'Turks' 같은 단어를 만나면 저절로 '아, 얘들은 투르크인지 터키인지 검색해봐야겠구나'라고 생각한다는 얘기다. 번역은 세심한 작업이다. 독자들에게 지적을 받지 않기 위해서라도 적확하고 정확한 단어를 선택해야 한다. 지적과 비판은 늘 뼈아프다.

번역은 기술이다. 문제는 그냥 기계적으로 기술을 적용해 평범한 기술자로 남을 것이냐, 아니면 몇 단계 깨우침을 극복하고 장인의 경지에 오를 것이냐다. 번역은 글쓰기다. 그러한 깨달음은 번역을 어떻게 볼 것이냐 하는 근본적인 시각에서 출발한다. 번역을 글쓰기로 보면, 마치 작가가 표현 하나하나를 조탁해내듯 번역가 또한 수많은 표현의 패러다임 속에서 가장 적절하고 적확한 표현 하나를 찾아낼 수 있다.

여백을 번역하라. 그 가능성은 기호에 매몰되어서는 나올 수 없다. 기호에서 멀어져라. 기호에서 멀어질수록 의미와 가까워지고 표현은 단단해진다.

독자의 언어로 번역하라

He has sensitive and almost sad eyes.

그는 섬세하면서도 무척이나 슬픈 눈을 가졌다.

Many people had little choice but to pay up.

많은 사람이 돈을 내지 않을 도리가 없었다.

The marvelous thing is that it's painless.

놀라운 건 통증이 없다는 거다.

어떻게 번역할 것인가 하는 문제를 얘기할 때 늘 이런 식으로 문장 몇 개를 제시하고 수강생들 생각부터 묻는다. 여러분이 생각하기에 위 번역 문장들은 어떤가? 좋은 번역으로 보이는가? 여러분이라면 어떻게 번역하겠는가? 수강생들은 대부분 '어딘가 어색하다'면서도 '어딘가'가 '어디'인지는 쉽게 답하지 못한다. 내 생각에 번역 훈련은 정확히 이 점에서 출발한다. 좋은 번역/

나쁜 번역, 바른 번역/잘못된 번역의 기준을 정하는 일이다. 번역
문을 보면서 어느 부분이 어떻게 어색하고 어떻게 바꾸면 좋을지
알아보는 눈…… 자, 다시 한번 묻는다. 여러분 생각은 어떤가?
고칠 여지가 있어 보이는가?

He has sensitive and almost sad eyes.

그는 섬세하면서도 무척이나 슬픈 눈을 가졌다.

다시 강조하지만 기호는 시스템, 즉 문법체계 안에서만 의미
가 있다. 영어는 영문법체계, 우리말은 우리말 문법체계에 맞춰
써야 한다는 뜻이다. 이른바 '저자의 의도'를 중시하는 번역가라
면 "저자가 형용사를 사용했으니 우리도 저자 의도를 살려 관형어
로 번역해야 한다"라고 주장하겠지만, 그러면 우리말 구조는 깨지
고 글은 번역 투가 될 수밖에 없으며 당연히 가독성도 떨어진다.

영어는 형용사+명사 구조를 즐겨 사용하지만 우리말은 부사
어, 명사+서술어에 익숙하다. 예를 들어, "I have a good memory"
는 "나는 좋은 기억력을 가졌다"가 아니라 "나는 기억력이 좋다"
정도가 좋다. 'have'를 '가지다'로 번역할 때도 주의해야 한다.
'갖다', '가지다'라는 표현은 우리말에서 극히 제한적으로만 사용
한다. 첫 번째 문장의 번역은 다음과 같이 바꿀 필요가 있다.

→ 그의 눈은 섬세하면서도 무척 슬퍼 보인다.

Many people had little choice but to pay up.

많은 사람이 돈을 내지 않을 도리가 없었다.

이런 농담은 다들 한번쯤 들어봤을 것이다. 우리나라 사람이 미국에서 교통사고를 당해 차에 깔렸다. 그런데 경관이 다가와 "How are you?"라고 물으니 부상이 심한 상황에도 "I'm fine, thanks. And you?"라고 답했다는 것이다. 학창 시절 문장을 기계적으로 암기한 탓이겠지만 이와 비슷한 사례는 얼마든지 있다. 두 번째 문장도 마찬가지다. 'have no choice but to~'를 '~하지 않을 도리가 없었다'라고 외웠기에 번역할 때도 별 생각 없이 기억대로 옮긴 것이다. 나중에 다시 언급하겠지만 번역은 여러 가지 변수를 끊임없이 고민하는 과정이다. 실제로 '별 생각 없이' 옮기는 것보다 위험한 번역은 없다.

우리말 부사어 표현을 활용하면 문장도 가독성도 좋아진다. 번역은 글뜻뿐 아니라 글맛, 글멋까지 옮겨야 한다. 두 번째 문장은 '~하지 않을 도리가 없다'보다는 상황과 문맥에 따라 '울며 겨자 먹기로', '눈물을 머금고', '피눈물을 삼키며', '어쩔 수 없이' 등으로 바꾸면 문장이 훨씬 탄탄해진다.

→ 다들 울며 겨자 먹기로 돈을 지불했다.

세 번째 문장은 소설 『킬리만자로의 눈』의 도입부다. 번역소설이 시중에 나왔을 때 기자가 역자 인터뷰를 하려고 자기도 직접 우리말로 옮겼는데, 그때 문장이 "통증이 없다는 게 놀라운 거다"였다. 자, 두 사람의 번역을 나란히 정리해놓고 다시 보자.

The marvelous thing is that it's painless.
놀라운 건 고통이 없다는 거다.(역자)
통증이 없다는 게 놀라운 거다.(기자)

다시 한번 묻자. 여러분은 어느 쪽 번역이 더 마음에 드는가? 그리고 그 이유는?

외국어든 우리말이든 '시간과 논리'에 따라 사건을 기록할 때가 가장 자연스럽다. 요컨대, 시간과 논리 순서대로 문장을 구성한다는 뜻이다. 이런 문제는 특히 관계절을 대할 때 자주 일어난다. 대부분 학창시절 배운 대로 형용사절을 무조건 앞으로 끌어당겨 선행사를 수식하는 식으로 번역하기 때문인데, 이 경우 '시간과 논리' 규칙에 어긋나는 외에도 몇 가지 문제가 있다. 가독성이 떨어지고, 수식 대상이 많아져 모호성(ambiguity)이 발생하며, 무엇보다 문장의 핵심어가 수식절에 묻히고 만다. 예를 들어, '밤새도록 울고 있는 케인의 고양이'라고 번역하면 '밤새도록 울고 있는'의 수식대상이 '케인'인지 '케인의 고양이'인지가 모호해지며, 문장의 주어격인 '케인/고양이'도 수식어구에 묻혀 쉽게 눈에 띄지 않는다. 가독성도 떨어질 수밖에 없다.

역자와 기자의 번역 문장 중에서 나은 번역을 고르라면 당연히 역자의 번역이다. 적어도 영문 텍스트와 마찬가지로 구문 순서대로 번역했기 때문이다.

하지만 문제는 또 있다. 첫 번째 문장 설명에서 "기호는 문법체계 안에서만 의미가 있다"라고 했는데 "놀라운 건 고통이 없다는 거다"는 기호만 우리말일 뿐 문법 시스템은 영어 체계를 그대로 가져왔다. 아니, 처음부터 번역이라는 화학적 변이를 거치지 않은 채 단어와 단어를 그대로 물리적으로 옮겨 적은 데 불과하다.

처음 이 문장을 봤을 때 왜 '놀랍게도 아프지 않다'라고 번역하지 않았을까 하는 의문부터 들었다. '~것'은 우리말이 아니라 영어의 that, what 등이 이끄는 명사절을 번역하면서 나온 번역 투다. 우리 입말이 아니므로 듣기에 아무래도 거북살스러웠다. 앞서도 얘기했듯이, 번역 투가 우리말의 한계를 극복하고 표현의 지평을 넓힐 수 있다는 주장에는 얼마든지 동의하지만, 그렇다 해도 우리말 표현의 지평을 넓힐 때나 써야 한다. 번역서를 번역 투 범벅으로 만들어놓고 "우리말의 한계를 극복하고 표현의 지평을 넓혔다"라고 주장할 수는 없지 않은가. 어느 경우든 오용과 남용은 부작용을 낳는다.

언젠가 이 얘기를 번역가 K에게 했더니 자기 같으면 "신기하게도 아프지 않다"라고 했겠다며 한 발 더 나아갔다. '놀랍게도'는 'marvelous'라는 형용사를 지나치게 기계적으로 옮겼다는 말인데 올바른 지적이다. 명심하자. 기호에서 멀어지면 의미와 더 가까워질 수 있다.

→ 신기하게도 아프지 않다.

번역은 단순히 기호를 물리적으로 옮겨 적는 과정이 아니라 기호와 기호를 둘러싼 온갖 의미체계를 화학적으로 결합해 우리말이라는 전혀 이질적인 결과물을 도출해내는 과정이다. 그 과정에는 물론 출발어의 문법, 역사, 상황은 물론이고 도착어, 즉 우리말의 문법체계, 시대상황, 언어습관 등이 전체적으로 또는 부분적으로 작용한다. 번역에 기술이 필요한 시점도 바로 그 순간이다. 어떻게 바꿀지 아는 것도 중요하지만 반복과 훈련을 거쳐 언제든 외국어 굴레에서 벗어나 자연스럽게 우리말을 만들어낼 수 있어야 한다.

번역의 경우 외국어보다 우리말 능력이 더 중요하다는 얘기는 번역가라면 누구나 인정한다. 얼마 전 네이버 소설팀에서 소설 한영번역 가능자를 찾기에 영어가 모국어인 사람을 알아보라고 조언해주었다. 우리말에 능통한 영한번역자보다는 우리말이 서툴러도 영어에 능통한 사람이 낫다. 예를 들어 내가 우리 소설을 영어로 번역하면 불필요한 오역은 줄겠으나 정작 소설을 읽는 사람들은 거친 언어 탓에 소설 자체를 즐기지 못하게 될 것이다 (우리 번역서도 종종 그렇지 않던가).

『채식주의자』 번역으로 맨부커상을 수상한 데보라 스미스의 경우가 그렇다. 그의 번역을 두고 얘기가 많은 듯한데, 사실 그의 오류, 오역은 처음부터 감수해야 할 몫이었다. 우리말을 배우기 시작한 지 7년 되었고 소설을 번역한 기간은 4년이다. 우리말 공부를 시작한 지 불과 3년 만에 우리말을 제대로 옮기리라 믿었다면 그게 더 허망한 기대이리라. 내가 주목한 부분은 그런 식의 단편적인 오역, 오류가 아니라 번역을 태하는 그의 태도였다.

To say that my English translation of *The Vegetarian* is a "completely different book" from the Korean original is, of course, in one sense, entirely correct. Since there is no such thing as a truly literal translation — no two languages' grammars match, their vocabularies diverge, even punctuation has a different weight — there can be no such thing as a translation that is not "creative." And while most of us translators think of ourselves as "faithful," definitions of faithfulness can differ. Because languages function differently, much of translation is about achieving a similar effect by different means; not only are difference, change, and interpretation completely normal, but they are in fact an integral part of faithfulness.

-"What We Talk About When We Talk About Translation" by

Deborah Smith.

『채식주의자』의 영어번역이 한글 원작과 '완전히 다르다'고 얘기하는데 어떤 점에서는 타당한 지적이다. 진정한 축역이란 존재하지 않는다. 두 언어의 문법이 다르고, 어휘가 어긋나며, 심지어 구두점의 무게도 같지 않기 때문이다. 따라서 번역은 어느 정도 '창조적'일 수밖에 없다. 우리 번역가들은 다들 원작에 '충실했다'고 말하지만 그 경우 '충실'의 정의도 다를 수밖에 없다. 언어가 다르게 기능하기에 번역은 모름지기 다른 수단으로 비슷한 정서를 환기하는 문제로 귀결한다. 차이와 변화, 해석은 완전히 정상일 뿐 아니라 실제로 '충실' 그 자체다.

- 데보라 스미스, "번역을 논할 때 우리가 하는 얘기들"

맨부커 인터내셔널 수상이 가능했던 것은 그가 우리말을 잘 이해해서가 아니라 영어가 모국어이기 때문이다. 한강의 문장을 모국어로 아름답게 '바꾸어놓았기에' 독자들과 심사위원들의 마음을 사로잡은 것이다. 적어도 그는 두 나라의 문법과 어휘가 본질적으로 다르다는 사실을 알고 있었다(두 언어의 문법이 다르고, 어휘가 어긋나며, 심지어 구두점의 무게도 같지 않다). 진정한 번역은 그 차이를 인정하는 데서 출발한다. 번역을 근본적으로 '다시 쓰기'라고 믿는 이유도 여기에 있다. 기호 중심의 번역은 기호를 정확히 옮겨놓으면 의미와도 가까워진다고 믿지만, 기호가 곧 의미가 될 수는 없다. 애초에 저자가 어떤 대상, 어떤 상황을 기호로 전환했다면 우리도 해석(interpretation)을 해서 그 대상, 상황에 최대한 접근한 다음 우리말, 우리말 시스템에 맞게 다시 쓰려고 노력해야 한다. 기호가 아니라 그 기호가 지향하는 대상을 다른 언어군의 독자에게 제대로 전달하는 것이다.

따라서 이 책이 지향하는 번역은 이렇게 요약할 수 있겠다. 최대한 우리말 체계와 언어습관에 가까운 번역. 번역은 작가가 아니라 독자를 지향한다. 독자의 언어로 번역하라.

5장___번역의 난제들

번역의 기본 문제들

지난 7년간 강의를 하면서 구조적으로 가장 많이 지적한 항목을 다음처럼 크게 네 범주로 묶어보았다. 이밖에도 두 언어 차이가 빚어낸 함정은 얼마든지 있지만 그런 문제들은 상대적으로 지엽적이라 대개 첨삭강의에서 다룬다.

- 대명사, 지시어 문제
- 수동태 문제
- 형용사, 부사 문제
- 절의 문제

이 중 처음 셋은 다른 실용서에서도 많이 다룬다. 다들 그만큼 중요하다고 여긴다는 뜻이다. 다른 책에서도 다루었다지만 서로 번역을 바라보는 관점이 다르고 책을 쓰는 목적이 다르기에 꼭 중복이라고 할 수는 없다. 나로서는 이론보다는 그간 번역을 하고 가르친 경험으로 풀어갈 생각이며, 어떻게 번역하라고 하기보다는 왜 그렇게 번역해야 하는지 기준에 초점을 두려고 한다. 수강생들한테 종종 농담처럼 이 기본원칙만 충실하게 지켜도 충분히 일류 번역가로 인정받을 수 있다고 얘기하지만 지금의 번역계 상황을 고려한다면 꼭 과장만은 아니다.

어떻게 번역할 것인가 하는 문제라면 무엇보다 이희재의『번역의 탄생』을 권한다. 지금껏 실용서가 적잖이 나왔지만 대부분 번역가가 '경전'으로 여기는 책이며 당연히 나도 크게 도움을 받았다. 윤영삼의『갈등하는 번역』도 그런 점에서 훌륭한 실용서다. 조금은 내용이 어렵고 문체가 딱딱하긴 해도 저자가 본격적으로 번역학을 공부한 터라 번역과 번역 방법을 좀더 심층적으로 들여다볼 수 있다.

대명사와 지시어 처리

이 대명사가 그 명사냐?

과거에『오역천하』의 저자 박정국 씨가 블로그를 운영하며 번역서의 이런저런 오역을 지적한 적이 있다. 자신도 오류가 많은 데다 번역가들에게 쌍욕을 마구 하는 바람에 나도 눈살을 찌푸리기는 했지만, 그래도 번역가로서 마음을 다잡고 긴장의 끈을 조이는 데는 그만한 자극이 없었다. 블로그가 문을 닫기 전 그곳 자료를 모두 캡처해둘 걸 하는 아쉬움마저 있다. 좋은 자료였는데…….
다음 글은 강의하려고 그의 블로그에서 빌려온 것이다.

Bosch hung up and then immediately set about making travel arrangements for himself and Edgar. He booked two rooms at the Mirage. They were above the department's maximum allowance for hotel rooms, but he was sure Billets would approve the vouchers. Besides, Layla had called him once at the Mirage. She might try again.

보슈는 전화를 끊자마자 자신과 에드거의 라스베이거스 출장을 위해 예약을 하기 시작했다. 미라지 호텔은 L.A. 경찰국이 출장 형사들의 숙박비로 허용하는 상한선을 훌쩍 넘는 가격이었지만. 빌리츠가 초과 지출을 허용해줄 거라고 믿었다. 게다가 일전에는 레일라가 미라지 호텔로 전화를 걸어 보슈를 찾았었다. 언제 다시 전화를 걸어올지 모르는 일이었다.

우리가 대명사를 제대로 보지 못하는 이유는 우리말 습관과 다르기 때문이다. 영어는 1) 형식을 정확히 따지기에 주어와 목적어가 들어갈 자리에 반드시 주어와 목적어가 들어가야 하고 2) 음소문자이므로 대명사는 경제효과까지 있다. 이 때문에 자연스럽게 대명사, 특히 3인칭 대명사가 발달했지만 우리말은 사정이 다르다. 비문이 아니라면 굳이 주어, 목적어를 꼬박꼬박 챙길 필요가 없는 데다 음절문자이기에 대명사를 사용해도 글자 수가 별로 줄어들지 않는다. 이를테면, '영희는'을 대명사 '그녀는'이라고 옮겨봐야 철자가 주는 경제효과가 없거나 적다는 뜻이다. 우리말이 대명사를 좋아하지 않는 이유다.

박정국 씨는 위의 번역문을 인용하면서 역자가 대명사 하나 제대로 보지 못했다며 비난과 욕설을 퍼부었는데, 공격이 거칠기는 했지만 지적은 옳았다. 'They'는 복수로 'two rooms'를 지시하므로 "형사가 둘이면 방 두 개가 아니라 하나만 예약하라" 정도의 뜻이다. 그런데 역자는 별 생각 없이 '미라지 호텔'을 고급 호텔로 만들었다. 원문과 대조하지 않고 번역서만 읽으면 그런가 보다 하고 넘어갔을 텐데 '운이 없게' 그만 심술쟁이 독자에게 걸리고 만 셈이다.

이런 식의 오역은 번역서에서 어렵지 않게 볼 수 있다. 대명사가 익숙지 않은 탓에 문맥에 걸리지 않으면 대충 넘어가려 들기 때문이다. 이를 속칭 '문댄다'고 하는데, 이 경우 교정 과정에서도 오역을 찾기가 쉽지 않아 출판사에서도 몹시 난감해한다. 오해와 오독, 오역 모두 '넘겨짚는' 데서 비롯한다. 대명사가 있으면 반드시 어떤 명사를 지시하는지 살핀 다음 번역하자.

다음은 수강생이 번역한 글이다. 이 경우는 'what he called'의 'he'를 콜럼버스 자신이 아니라 에라토스테네스로 오인한 탓에 역사적 사실까지 왜곡하고 말았다.

The subsequent exploration of the Earth was a worldwide endeavor, including voyages from as well as to China and Polynesia. The culmination was, of course, the discovery of America by Christopher Columbus and the journeys of the following few centuries, which completed the geographical exploration of the Earth. Columbus' first voyage is connected in the most straightforward way with the calculations of Eratosthenes. Columbus was fascinated by what he called "the Enterprise of the Indies," a project to reach Japan, China and India not by following the coastline of Africa and sailing East but rather by plunging boldly into the unknown Western ocean-or, as Eratosthenes had said with startling prescience, "to pass by sea from Iberia to India."

그 후 지구 탐사는 전 세계적으로 이루어졌다. 사람들은 탐험을 위해 배를 타고 중국과 폴리네시아를 오갔다. 그 결과, 크리스토퍼 콜럼버스는 아메리카 대륙을 발견하고 사람들은 향후 수백 년간 탐험을 계속하여 지구의 지리적 탐사를 완료했다. 콜럼버스의 최초 항해는 에라토스테네스의 계산과 아주 밀접한 관련이 있다. 콜럼버스는 에라토스테네스의 '인도 진출 계획'이 마음에 쏙 들었다. 이 계획에 따르면 아프리카 해안선을 따라 동쪽으로 항해하지 않고도 일본, 중국, 인도까지 갈 수 있는데, 바로 미지의 서쪽 바다를 곧장 건너가는 방법이었다. 에라토스테네스는 통찰이 뛰어나 '배를 타고 이베리아에서 인도까지 갈 수 있다'는 사실을 이미 알았다.

역사서는 대명사가 모호해도 검색으로 해결이 가능하므로 이런 식의 실수는 뼈아프다. 강조하지만, 번역의 최대 적은 게으름, 나태함이다. 영어 구문을 정확히 분석하고 대명사의 지시대상을 확인해야 오역을 피할 수 있다. 절대 넘겨짚지 말자.

대명사, 지시어는 최대한 생략하자

문맥은 모든 것이다. 나를 잘 차려 입히고 보아라. 나는 사육제의 호객꾼이고, 경매인이고, 도시의 공연 예술가이며, 방언을 쓰는 사람이고, 진행을 방해하는 몹시 취한 상원 의원이다. 나는 투렛 증후군을 앓고 있다. 나의 입은 다물어지지 않는다. 비록 대부분 속삭이거나 소리를 거의 내지 않고 말하지만, 나는 소리 내어 읽고 있다. 나의 목울대는 아래위로 움직이고, 나의 턱 근육은 내 볼 아래에 아주 작은 심장이 있는 것처럼 고동치지만, 그 소리들은 억눌러지고, 의미들은 유령처럼 조용히 빠져나가, 난 텅 빈 호흡과 어조의 껍질들만을 뱉고 있다. 내가 만약 악당 딕 트레이시였다면 나는 중얼거려야만 할 것이다.
가득 찬 내 머리에서 벗어난 이러한 언어 형태의 축소들은 세상의 표면 위로 떠오르고, 피아노 선반 위의 손가락들과 같은 실제들을 가볍게 건드린다.

* '나'를 기계적으로 옮겨 적었다. 모두 생략하고 다시 번역해오라고 했다.

"기회만 있다면 예전 번역서를 모두 다시 작업하고 싶다." 나 또한 수강생들한테도 종종 이렇게 얘기한다. 솔직한 마음이다. 애초에 아무것도 모르고 번역을 시작했으니 오류가 하나둘이겠느냐마는 '대명사, 지시어'를 여과하지 않고 그냥 옮겼다는 사실이 특히 마음에 걸렸다. 영어 단어를 최대한 다 옮겨야 한다고 믿었을까? 예전 번역서를 보면 우리말에도 익숙하지 않은 '그는', '그녀의', '그들을', '이것은', '저것들'이 마구 춤을 추는 바람에 내 번역서는 들추기조차 창피하다. 지금은 그렇지 않다. 책 한 권을 모두 번역해도 대명사, 지시어는 부득이할 경우를 제외하면 거의 사용하지 않는다. 수강생들에게도 되도록 삼가라고 당부한다.

서구문화는 합리주의(rationalism)를 토대로 하며 합리주의는 감성보다 '이성(reason)'을 중시한다. 영어가 지극히 형식적인 이유도 문법체계가 합리성에 기반을 두기 때문이다. 영문학과에 들어가 박사과정까지 수료하고 영어와 영문학 강의를 15년쯤 한 뒤 다시 번역을 15년 넘게 하고 있지만 장담하건대 이른바 '5형식'을 벗어난 문장은 한 번도 보지 못했다.

반면에 동양문화는 이성보다 '감성'에 그 뿌리가 있다. 머리로 옳고 그름을 판단하거나 분석하는 대신 가슴으로 있는 그대로 '받아들이려' 한다. 말인즉슨, 형식보다 내용을 중시한다는 얘기다. 예를 들어 '윤회설'을 머리로, 이성으로 이해할 수는 없다. 끝이 곧 시작이요, 시작이 곧 끝이라는데 그 역설을 어떻게 머리와 이성으로 분석하고 이해한단 말인가? 우리말 문법체계가 느슨하고 외래어 표현, 번역 투에 너그러운 까닭도 바로 그 때문이다. 형식보다 내용을 중시하기에 문법체계 자체가 느슨해진 것이다. 그 덕분에 우리말은 대명사, 시제 등 영어가 중시하는 문법체계에서 대부분 자유롭다. 복수 표현에도 익숙하지 않다. 굳이 문법적으로 복수를 지정해주지 않아도 상황과 문맥으로 복수임을 알 수 있으면 그만이다.

대명사, 지시어도 마찬가지다. 상황과 문맥이 충분하다면 영어처럼 굳이 드러낼 필요가 없다. 아니, 대명사를 그대로 옮기려고 하면 오히려 다음처럼 오역을 낳을 수 있다.

He believes that he will see her soon.
<u>그는</u> <u>그가</u> 그녀를 곧 만나리라고 믿는다.

영어는 형식을 지켜야 하기 때문에 'he'를 반복하지만 우리말로 옮기는 순간 '그는'의 '그'와 '그가'의 '그'는 다른 사람이 되고 만다.

대명사, 지시어가 발달하지 않은 이유는 또 있다. 앞에서도 얘기했듯이, 영어가 음소문자인 데 반해 우리말은 음절문자다. 대명사를 사용해 얻을 수 있는 경제효과가 거의 없다는 뜻이다. 글을 줄이는 효과가 없는데 굳이 대상이 불분명한 대명사, 지시어를 쓸 이유가 어디 있겠는가? 원래 우리말에 3인칭 대명사 자체가 없었다지 않은가? (아동서적을 번역할 때는 지금도 3인칭 대명사, 지시어를 쓰지 않는다.)

번역서 『위대한 개츠비』는 다음과 같은 문장으로 시작한다.

내가 지금보다 나이도 어리고 마음도 여리던 시절 아버지가 충고를 하나 해주셨는데, 그 충고를 나는 아직도 마음속으로 되새기곤 한다.

번역자들은 대체로 두 언어의 문법체계 차이를 고민하지 않기에 영어 기준에 따라 대명사와 지시어를 필요 이상으로 옮기는 경향이 있다. 하지만 위 문장에서 1인칭 주어를 모두 생략해보자. 아래 문장에서 보듯 전혀 이상하지 않다. 아니, 전반적으로 느낌이 좋아지기까지 한다.

(내가) 지금보다 나이도 어리고 마음도 여리던 시절 아버지가 충고를 하나 해주셨는데, 그 충고를 (나는) 아직도 마음속으로 되새기곤 한다.

1인칭 화자 소설에서 주어는 늘 '나', '우리'이기에 특별히 내세울 필요가 없다. 특별히 강조할 필요가 있으면 모르겠지만, 그렇지 않을 경우 '나'의 남용은 자칫 거만하다는 인상마저 줄 우려가 있다. '다른 사람'은 어떤지 몰라도 '나는 다르다'는 뉘앙스가 배어 있기 때문이다.

다음 문장을 살펴보자. 역시 1인칭 화자의 문장이다.

"Hi, I wasn't going to bother you with this but then I remembered, wasn't Luther one of the plays Andy's father was in on Broadway?"

다시 강조하지만 대명사, 지시어는 최대한 생략한다. 위 문장에서도 화자와 청자를 지칭하는 대명사를 모두 생략하면 된다.

"안녕, 이 일로 성가시게 하고 싶지 않지만, 지금 막 생각이 났는데, 앤디 아버지가 브로드웨이에 있을 때 「루터」에 출연하지 않았던가?"

이 문장을 "내가 이 일로 너를 성가시게 하고 싶지 않지만……" 식으로 번역한다고 생각하면 가슴부터 답답해진다.

아래 문장은 동일한 대명사 'they'가 여섯 개다. 역시 최대한 줄여 번역해보자.

They already know that they can never reach their destination whatever choice they make for themselves once they get off the road.

그 사람들도 이미 알고 있지만, 일단 길에서 벗어나면 어떤 선택을 해도 절대 목적지에 도달하지 못한다.

이 경우 'they'는 하나만 살렸는데 그마저도 명사 '그 사람들'로 바꿔놓았다. 대명사보다는 명사가 훨씬 구체적이고 가독성도 높다.

요즘 번역서를 보면 여전히 '나', '너', '그녀', '그들' 따위의 대명사가 너무 많다. 원문의 단어를 하나라도 더 많이 옮기고 또 있는 그대로 옮기겠다는 의지는 이해하겠으나 실제로 번역에는 하등 도움이 되지 못한다. 읽는 사람도 우리 입말이 아닌 탓에 눈에 거슬리고 재미도 덜할 수밖에 없다. 나 자신이 무수히 저질렀던 잘못이라 그런 번역서를 볼 때마다 마음이 더 아프다.

생략하지 못하면 대체하자

클라라는 그녀의 부모가 아르메니아 터키인들의 피난 후 자리잡은 뉴 저지에서 태어났고, 그녀가 어린 아이였을 때 샌 프란시스코의 미션지구로 이사를 했다. 그녀가 전에 결혼을 했었고 그녀의 남편이 전쟁 중에 살해당했다는 비밀을 그녀는 다른 사람들에게 거의 이야기하지 않았다. 그녀가 처음으로 폴과 데이트를 했던 날, 그녀는 새로운 인생을 시작할 준비가 되어 있었다.

* 동일 주어가 너무 많다. 한둘만 남기고 모두 생략해야 한다.

영어와 달리 우리말은 동일 주어의 반복을 꺼린다. 가뜩이나 대명사를 꺼리는 판에 주어까지 '그들은', '그들은', '그들은' 하고 이어진다면 그보다 답답한 일도 없을 법하다. 그렇다고 무조건 생략만 할 수도 없다. 아무리 우리말 문법체계가 유연하다 해도 비문은 있기 때문이다. 다행히 우리말에는 부사, 접속사 등으로 주어를 대신할 수 있는 장치가 있으며, 아니면 문맥에 따라 상황에 맞게 다른 주어를 빌려 쓸 수도 있다. 이를테면 "어제는 그녀를 만났다" 식으로 비문을 면할 수 있다는 얘기다. 유치원 같은 곳에서 "We don't wear hats"라고 한다면, "우리는 모자를 쓰지 않아요"보다 "여기는 모자를 쓰지 않아요"가 더 자연스럽다. 아래 문단을 우리말로 번역해보라.

She thought he looked traqué- hunted - as so many Parisians did these days. She saw so much fear in their faces; in the way they walked yet dared not greet each other. Perhaps it was the same everywhere, she wouldn't know. Also, more than once, she had felt his interest in her. She had wondered whether he was a policeman. She had even considered asking him, for she had this urban cockiness. His lugubrious build suggested the police, so did the sweaty suit and the needless raincoat that hung like a bit of old uniform from his forearm. If she was right, and he was police, then - high time too, the idiots were finally doing something about the spate of pilfering that had made a bear-garden of her stock-checking for months.

그녀가 보기에 사내는 쫓기는 듯 보였다. 하지만 요즘 파리지앵은 다 쫓기는 사람들 같다. 파리지앵의 얼굴에서, 감히 인사도 못하고 지나치는 모습에서 커다란 두려움을 보았다. 다른 곳도 마찬가지겠지만 그녀는 알지 못했다. 심지어 한 번 이상 그가 자신에게 관심이 있다고 느꼈다. 그녀는 그가 경찰일지도 모른다고 생각했다. 그녀 역시 도시 여자로서 자존심이 있었기에 그에게 물어보려고 했다. 침울한 모습이 경찰이 틀림없었다. 그래서 땀에 젖은 양복을 입고 쓸데없이 팔뚝에 오래된 유니폼 같은 레인코트를 걸쳤으리라. 맞다, 그는 경찰이다. 시기도 적절했다. 좀도둑들이 설치는 통에 몇 달간 재고 관리가 엉망이었는데 멍청이들이 드디어 조사를 시작한 모양이었다.

위 수강생의 번역은 무난해 보이지만 '그녀', '그'가 여전히 많다. 이렇게 번역하면 읽기도 답답하지만 스릴러 특유의 긴박감을 해치기도 한다. 물론 3인칭 대명사를 쓰느냐 쓰지 않느냐는 선택 문제일 수 있다. 여전히 찬반 논리가 존재하는 데다 적어도 문어체에서는 3인칭 대명사가 자연스럽다는 주장도 있기 때문이다. 하지만 나는 '입말'이 가장 좋은 '글'이라는 이오덕, 유시민의 주장에 동의한다. "언어(言語)는 말과 글이다. 생각과 감정을 소리로 표현하면 말(입말)이 되고 문자로 표현하면 글(글말)이 된다. 말과 글 중에는 말이 먼저다. 말로 해서 좋아야 잘 쓴 글이다. 글을 쓸 때는 이 원리를 잊지 말아야 한다."

여자가 보기에도 사내는 누구에겐가 쫓기는 듯했다. 하기야 요즈음 파리지앵이 다들 그렇기는 했다. 하나같이 표정이 어딘가 불안해 보이지 않던가. 사람들은 길을 걸으면서도 서로 눈을 피했다. 잘은 몰라도 세상 어딘들 다르지 않으리라. 한두 번쯤, 나한테 관심이 있나? 하는 생각도 들었다. 아니면 경찰일까? 그냥 물어볼까도 했다. 이래 봬도 오만한 도시녀가 아닌가. 행색이 추레

한 것만 보면 딱 경찰이었다. 정장은 땀에 흠뻑 젖고, 비옷을 낡은 유니폼처럼 팔에 걸친 모습도 그렇다(이런 날씨에 웬 비옷이람?) 그래, 분명 짭새야. 시기도 딱 좋았다. 좀도둑들이 기승을 부려 지난 몇 달간 재고관리가 엉망이었는데, 마침내 저 얼간이들이 범인을 잡겠다며 나선 모양이었다.

입말을 살려 최대한 '그녀'와 '그'를 생략했다. 3인칭 소설이지만 여자의 심리상태를 묘사한 장면이기에 이렇게 독백 형식으로 처리해도 문맥상 문제가 없으며, 오히려 스릴러 특유의 긴장감을 강화할 수 있다.

아래 문장과 번역문을 다시 한번 보자.

He slipped his arms into the scarlet woollen cassock and fastened the thirty-three buttons that ran from his neck to his ankles–one button for each year of Christ's life. Around his waist he tied the red watered-silk sash of the cincture, or fascia, designed to remind him of his vow of chastity, and checked to make sure its tasselled end hung to a point midway up his left calf. Then he pulled over his head the thin white linen rochet–the symbol, along with the mozzetta, of his judicial authority. The bottom two-thirds and the cuffs were of white lace with a floral pattern. He tied the tapes in a bow at his neck and tugged the rochet down so that it extended to just below his knees. Finally he put on his mozzetta, an elbow-length nine-buttoned scarlet cape.

우선 주홍색 모직 카속에 두 팔을 넣고 목에서 발목까지 서른세 개의 단추를 채웠다. 각각의 단추는 그리스도의 생애 한 해 한 해를 나타냈다. 허리에는 붉은색 물결무늬 띠를 묶었는데 순결의 맹세를 상기하도록 도안한 것이다. 술 끄트머리가 왼쪽 허벅지 중간지점까지 늘어지는지도 확인했다. 얇은 리넨 소백의(小白衣)는 머리부터 집어넣어 입었다. 소백의는 모관과 더불어 사법 권위를 상징하며 옷 아래쪽 3분의 2와 소매 단은 흰 레이스에 꽃무늬로 장식했다. 테이프를 나비매듭으로 묶어 목에 두른 다음 옷을 아래로 당겨 무릎 바로 아래까지만 내려가게 했다. 마지막으로는 진홍색 어깨망토를 걸쳐 팔꿈치까지 내렸다. 망토에는 단추가 모두 아홉 개 있었다.

영문 텍스트에는 'he'와 관련한 단어가 모두 열일곱 개나 되지만 번역문에서는 모두 사라졌다. 주어 'he'도 여러 차례 반복하지만 하나는 생략하고 나머지도 '우선', '마지막으로'처럼 부사어로 바꾸거나 '얇은 리넨 소백의(小白衣)', '술 끄트머리', '허리' 등 다른 명사로 바꿔 처리했다. 사실 의도적이고 강제적으로 대명사, 지시어를 없앴기에 번역에 다소 무리가 있을 수 있지만 얘기의 핵심은 이렇다. 가급적 부사어, 다른 지시어, 접속사 등으로 주어를 대체하는 훈련을 하자.

　번역서에 지시어와 3인칭 대명사가 많은 이유는 두 가지다. 첫째는 영문 텍스트에 있는 단어를 그대로 옮겨야 한다는 강박관념 때문이다. 바로 그 강박관념 때문에 우리말에 없던 '~에 의해서(by)', '~에 대해서(about)' 등의 표현이 많아졌다. 하지만 우리 입말에 맞지 않으면 아무래도 어색하기 때문에 충분히 가려 써야 한다. 둘째는 텍스트의 유혹 때문이다. 책 한 권을 번역하려면 엄청난 집중과 끈기가 필요하다. 따라서 훈련이 충분치 않을 경우 정신은 느슨해져 쉽게 텍스트에 말려들고, 번역서는 쓰지 않아야 할 구문과 표현으로 범벅이 되고 만다. 번역이 기술인 이유다. 머리로 배우고 몸으로 체득하고 습관처럼 활용하자.

명사절 문제

그 치약을 좋아한다. 내 무릎에 앉아 내가 털을 빗어주는 것도 좋아한다. 면봉을 7센티미터나 귓속으로 넣어 청소해 주는 것도 좋아한다. 자기 치약을 볼 때면 입술을 뒤집어 이빨을 보여주며 닦고기 맛 모래를 기다린다.

그렇지만 단지 아름다운 털이나 개치고는 유달리 ~~그~~ 상쾌한 입 냄새나 혹은 우아한 기품 때문에 사람들이 시선을 떼지 못하는 건 아니다. ~~그건~~ 오히려 튜스데이의 개성 때문이다. 이 책의 표지 사진에서 보듯 튜스데이는 표정이 풍부하다.

　＊ 그것, ~것 표현이 너무 많다. 역시 최대한 줄일 필요가 있다.

This is a desk. "이것은 책상입니다."

That is a book. "저것은 책입니다."

오래전 배운 영어 문장이다. "저기, 저게 뭐야?"라는 표현이 가능하니 '~것' 표현을 뭐라 할 수는 없으나 우리말 풍토에서는 대명사, 지시어를 많이 사용하지 않기에 이 역시 제한적일 수밖에 없다.

그보다 심각한 문제는 명사절, 명사구를 번역할 때 나타난다. 영어야 구조상 명사구문을 자주 사용하나 번역하면서 그 구조를 그대로 우리말로 가져오는 통에 번역서마다 '~것' 구문이 홍수를 이룬다. 심지어 아래와 같은 번역 문장도 있다.

We tend to forget that happiness doesn't come as a result of getting something we don't have, but rather of recognizing and appreciating what we do have. -Frederick Koenig
행복은 우리가 가지지 못한 것을 소유하는 것에서 오는 것이 아니라 오히려 우리가 가진 것을 인식하고 감사하는 것에서 온다라는 것을 잊는 경향이 있다. - 프레드리히 쾨니히

수강생들에게도 사전에 주의를 주지만 습관은 무섭다. 다음처럼 번역하면서 문단 하나를 온통 '~것'으로 도배하다시피 하기도 한다.

우리가 휴가지를 예약하거나, 고급 자동차를 주문하거나, 집을 살 때, 그것들이 이미 자신의 것이라는 것을 안다. 같은 시기에

다른 여행을 예약하거나, 다른 차나 집을 구매할 리는 없다. 복권에 당첨되었거나, 어마어마한 유산을 상속받았다면, 아직 돈이 손에 들어오지 않았더라도 <u>그것</u>이 이미 자신의 <u>것</u>임을 알 것이다. 그것이 바로 내 <u>것</u>이라고 믿는 느낌이다. 벌써 가지고 있다고 신뢰하는 느낌이다. 진즉 받았다고 확신하는 느낌이다. 당신이 원하는 <u>것</u>을 느낌과 신념을 통해 이미 자신의 <u>것</u>이라고 외쳐보아라. 당신이 그런 행동을 할 때야 비로소 끌림의 법칙이 막강한 힘을 발휘하여 주변 환경, 사람, 상황을 모조리 움직여 자신이 원하는 <u>것</u>을 얻을 수 있게 할 것이다.

우리말 문법체계가 느슨해 번역 투가 침투하기가 상대적으로 쉽다고 해도 정도 문제는 있다. 처음 문장을 "종종 잊고 살지만 사람이 행복한 이유는 뭔가 새로운 것을 얻어서가 아니라 우리에게도 뭔가 있음을 깨닫고 고마워하기 때문이다" 정도로만 고쳐도 '~것' 표현은 크게 줄고 읽기도 훨씬 부드러워진다. (문맥에서 'something'의 대상이 구체적으로 드러나면 남은 '~것'까지 줄일 수 있다.)

유감스럽게도 번역서를 들쳐보면 거의 모든 책에서 거리낌 없이 이런 식 표현을 사용한다. 몇 가지 예를 들어보자.

그에게 질문하는 <u>것</u>이 무의미하다는 <u>것</u>을 그녀는 일찌감치 깨달았다. 그에게 자신만의 비밀이 있다는 <u>것</u>을 받아들일 수밖에 없었다.

놀라운 것은 통증이 없다는 것이다.

동로마제국 황제 유스티니아누스가 무려 37년에 이르는 긴 치세 뒤에 세상을 떠난 것은 서기 465년의 일이었다. 이 사람이 역사상 '대제'라는 존칭으로 불리고 있는 것은 고대 로마가 건재했던 시대에 만들어진 수많은 법률을 집대성한 『로마법 대전』을 만들게 한 사람이기 때문이 아니다.

"악이 승리하는 데 필요한 것은 선인들이 아무것도 하지 않는 것이다." 어떤 면에서는 이것이 바로 훌륭한 추리소설의 주제이다.

다시 강조하지만 우리말은 대명사보다 명사를 선호한다. 따라서 이른바 '거시기'만큼이나 모호한 '~것'보다는 문맥을 살펴 대상을 명확히 지정해주거나 아니면 전체적으로 다른 문장 표현을 고민해야 한다.

'~것' 표현을 아예 쓰지 않을 수도 없고, 때로는 그 덕분에 더 나은 표현을 얻을 수도 있다. (사실 이 책에도 ~것 표현이 드물게나마 나타난다. 특히 강조 표현이 그렇다.) 다만, 별다른 의식 없이 번역할 경우 위의 예들처럼 영어구조에 말려 자칫 남발하기 때문에 문제가 된다. 수강생들에게 과제를 내줄 때 제일 많이 지적하는 항목도 바로 '~것' 문제다. 기이하게도 몇 번을 지적하고 고쳐주어도 매번 같은 실수를 해서 언제부턴가는 아예 이른바 "'~것'

안 쓰기 운동"을 벌이기도 했다. 요컨대 '~것'을 사용해도 별 문제가 없다 해도 이왕이면 다른 표현으로 바꿔서 번역해보자는 뜻이다.

But it wasn't his looks that got him a date with Clara Hagopian, a sweet-humored daughter of Armenian immigrants.

사실 이 문장은 "아르메니아 이민자 출신의 상냥한 규수, 클라라 헤고피언과 데이트에 성공한 <u>것은</u> 외모 덕분이 아니었다" 정도가 제일 무난하다. 하지만 습관을 고치지 않으면 위의 예들처럼 '~것'을 남발할 우려가 있기에 강의에서는 이 경우마저 첨삭의 칼날을 아끼지 않는다. 수강생들이 습관처럼 문제를 인식했으면 하기 때문이다. 번역자가 자각만 해도 어렵지 않게 해결할 수 있는 문제다. "아르메니아 이민자 출신의 상냥한 규수, 클라라 헤고피언과 데이트에 성공했지만, 그 이유가 외모 덕분은 아니었다" 아니면 "그렇지만 외모 덕분에 아르메니아 이민자 출신의 상냥한 규수, 클라라 헤고피언과 데이트에 성공했다고 볼 수는 없다"도 얼마든지 가능하다(어느 문장이 더 좋은 표현이냐는 그다음 문제다).

다음 세 문장을 번역하되 밑줄 친 부분에 유의하자.

I shall gloss over details and mention only <u>what seems to me</u> the trends most relevant to this book.

This date corresponds approximately to the start of <u>what geologists term</u> the Recent Era.

<u>The amazing thing is that</u> every atom in your body came from a star that exploded.

'~것' 사용에 예민하지 않은 번역가라면 대개 각각 아래와 같이 번역할 것이다.

물론 지엽적인 내용은 지양하고 책의 주제와 가장 적합한 흐름으로 보이는 <u>것</u>들만 언급할 것이다.

이 시기는 지질학자들이 현세 초라 일컫는 <u>것</u>과 얼추 일치한다.

놀라운 <u>것</u>은 체내의 원자 하나하나가 모두 별의 잔해에서 버롯했다는 <u>것</u>이다.

하지만 '논의의 시작'에서 언급했듯이 명사(구, 절)를 부사어로 살짝 바꿔주기만 해도 우리말은 자연스럽고 간결하며 가독성도 좋아진다. 즉, 'what seems to me'는 '내가 보기에', '내 판단에'와 같이, 'what is called', 'what they term' 등은 '소위', '이른바' 등으로, 'the amazing thing' 등은 '놀랍게도' 식으로 바꾼다.

물론 지엽적인 내용은 지양하고 <u>내 판단에</u> 이 책 주제와 가장 적합한 흐름만 언급할 것이다.

이 시기는 얼추 지질학자들의 <u>이른바</u> 현세 초와 일치한다.

<u>놀랍게도</u> 체내의 원자 하나하나가 모두 별의 잔해에서 비롯했다.

이렇게 부사화한 표현은 여러 면에서 쓰임이 많다. 어색한 표현, 번역 투를 줄이는 동시에 자연스러운 우리 입말을 만들어주기 때문이다. 번역문이 어색할 때 이런 식으로 바꾸면 어떨까 고민해보는 것도 좋은 방법이다. 여기 몇 가지 예를 실어본다.

I just realized that ~ "방금 생각났는데 ~"

There is nothing new ~ "그도 그럴 것이 ~"

I didn't bother ~ "굳이 ~ 않았다."

He was aware that ~ "그러고 보니 ~"

It's times like this that ~ "이럴 때면 ~"

물주구문의 덫

번역을 '기호의 변환' 정도로 여길 때 '물주구문'도 어느 정도 신경 써야 할 부분이다. 물주구문은 '무생물이 주어가 되는 구문'을 뜻한다. 우리말은 무생물 주어를 싫어한다지만 꼭 그렇지만은 않다. 바로 앞 문장 "우리말은 무생물 주어를 싫어한다"역시 물주구문이지만 쓰기에 그다지 어색하지 않다. "사랑이 나를 눈멀게 해"는 "사랑 때문에 내가 눈이 멀어"보다 연인의 간절함이 가슴에 와닿기도 한다.

1, 2형식 문장의 경우 우리말에서도 얼마든지 무생물을 주어로 쓴다.

비행기가 착륙했다.

비가 내린다.

이번 비는 바람을 동반한다.

문제가 되는 문장은 다음과 같은 경우들이다. 이를테면 '무생물이 어떤 행위를 자극하거나 유도할 경우'라고 정의할 수 있을까?

a) The heavy rain has caused the river to rise.

b) A glance at the map will show you the way to the airport.

c) Their laughter made him realize that he had not heard a woman laugh.

때때로 저자의 의도를 살린답시고 "폭우가 강 수위를 높였다"식으로 번역하기도 하지만, 물주구문을 그렇게 번역하면 우리말과 크게 동떨어지므로 대체로 조심하는 것 같다. 그런 식의 물주구문이 나올 경우 다음과 같이 부사 또는 부사구로 처리할 필요가 있다.

a) 폭우 때문에 강 수위가 높아졌다.

b) 지도를 잠깐 살펴봐도 공항에 어떻게 가는지 알 수 있다.

c) 웃음소리를 듣고 깨달았지만 그때까지 여자 웃음소리를 들어본 적이 없었다.

물주구문을 처리할 때 정작 고민해야 한다면 '주어+동사+목적어', 즉 전형적인 3형식 문장일 것 같다. 물주구문을 그대로 번역한다고 해도 별 문제는 없어 보이지만 그래도 (내가 보기에) 좀더 나은 우리말 표현이 가능할 것 같기 때문이다. 예를 들어 "Three important revolutions shaped the course of history" 같은 문장은 "세 개의 주요 혁명이 역사적 추이를 결정했다"라고 물주구문 그대로 번역해도 무방하지만 나라면 "역사적 추이를 결정하기까지 3대 혁명이 큰 몫을 했다" 정도로 처리하겠다.

다음 문장들을 두 가지 방식으로 번역해보자.

d) The subsequent exploration of the Earth was a worldwide endeavor.

e) Turning down the position at Emergency Management was the right thing to do, but it was also the hardest.

우리말 체계가 상대적으로 유연한데다 또 번역 투가 꼭 나쁘다고 할 수 없기에 이런 구문의 번역은 말 그대로 상대적이다. 어느 쪽이나 허용이 가능하다는 얘기다. 이 장에 제시하는 이유는 어느 쪽이 옳다고 주장하기보다 번역자의 선택과 판단력이 어떤 의미인지 다시 한번 생각해보자는 뜻이다. 아래의 두 번역을 비교해보고 어느 쪽이 마음에 드는지 판단해보기 바란다.

d) 향후 지구탐사는 범세계적 노력이었다.
　향후 지구탐사에 전 세계가 달려들었다.

e) 소방방재청 자리 거절은 잘한 일이었지만 결심은 너무 어려웠다.
　소방방재청 자리는 당연히 거절해야 했지만 결심하기가 너무 어려웠다.

번역 사례

It's death, that's <u>what I'm suffering from</u>.

죽음, 그래 난 죽음을 앓는다.

* 'it', 'that', 'what' 모두 '~것' 표현을 유도한다. 최대한 피해야 할 번역 투다.

Whenever I think of the memories, <u>it makes me smile</u>.

추억을 떠올릴 때마다 나도 모르게 미소를 짓는다.

* 1인칭 주어를 생략하고 'it'으로 시작하는 물주구문도 피해야 한다.

<u>The best thing about what I'm proposing</u> is <u>that you won't</u>
<u>have to testify in open court</u>.

내 제안대로 하신다면 무엇보다 공개법정에서 증언하실 필
요가 없습니다.

* 'The best thing about what I'm proposing'과 'that'절이 모두 '~것'을
유도하나 문장구조를 조금 바꾸어도 충분히 좋은 글을 만들어낼 수 있다.

<u>What he saw briefly</u> made him glad he didn't have to
visit crime scenes anymore.

잠깐 훑어본 결과 다행히 더 이상 범죄현장을 찾아갈 필요가
없었다.

* 역시 물주구문의 문제다. 주어가 명사절로 되어 있다. 쉬운 변환은 아니
나 이런 기술에 익숙해져야 한다.

<u>When you've suffered a lot</u>, it turns out to be the small

thing that breaks you.

고통이 크면 정작 사소한 변수에도 허물어질 수 있다.

* 가주어와 진주어 구문도 자칫 '~것' 구문을 낳으므로 조심해서 번역해야 한다.

I would have skipped it if I knew then what I know now.

진작 그런 줄 알았다면 그 문제는 건너뛰었을 것이다.

* 'if I knew then what I know now'를 어떻게 풀어낼까 하는 문제.

It's times like this that I thank God for this book. The last two chapters take me back to difficult times, to memories so strong they blot out my present life.

이럴 때면 이 책을 보내주신 하느님께 감사하고 싶다. 마지막 두 장을 읽으면 어렵던 시절을 떠올리는데 그 기억이 어찌나 생생한지 현실마저 까맣게 잊고 만다.

Still, there are parts of the center that retain the character of a traditional Swiss village, with overhanging roofs and green wooden shutters, and it was this aspect of the place that had stayed in Jane's mind for the past nine years.

그래도 이곳 중심부에는 처마지붕과 녹색 나무덧문같이 스위스 전통마을의 풍취가 그대로 남아 있다. 마을의 이런 모습이야말로 지난 9년 동안 제인의 마음을 사로잡았다.

* 진주어, 가주어 구문을 어떻게 처리할지 고민해볼 필요가 있다.

Early in 1918, <u>Hemingway</u> responded to a Red Cross recruitment effort in Kansas City and signed on to become an ambulance driver in Italy. <u>He</u> left New York in May and arrived in Paris as the city was under bombardment from German artillery. By June, <u>he</u> was at the Italian Front. It was probably around this time that <u>he</u> first met John Dos Passos, with whom <u>he</u> had a rocky relationship for decades. On <u>his</u> first day in Milan, <u>he</u> was sent to the scene of a munitions factory explosion, where rescuers retrieved the shredded remains of female workers.

1918년 초 헤밍웨이는 캔사스시 적십자요원 모집에 지원해 서류에도 사인했다. 이탈리아에 가서 구급차 운전사로 일하는 보직이었다. 5월에 뉴욕을 떠나 파리에 들어갔는데, 그때는 도시가 독일 포대의 폭격을 받고 있었다. 그 후 6월까지는 이탈리아 전선에 있었다. 아마도 그즈음 존 더스 패서스를 처음 만나 수십 년 동안 티격태격하면서 관계를 이어왔다. 밀라노에 도착해서는 첫날부터 군수품 공장 폭발 현장에 파견을 나갔는데, 현장에 도착해 보니 구조대가 여성 노동자들의 갈가리 찢긴 사체를 수습하고 있었다.

* 동일주어를 생략하는 문제로 본문에는 Hemingway를 지칭하는 명사, 대명사가 일곱 개에 달하나 번역에서는 고유명사 '헤밍웨이'만 남았다.

수동태(피동태) 처리

아주 곤란한 수동태

몇 년 전 텔레비전 방송 번역가들과 만나 "왜 그렇게 피동형을 많이 쓰느냐?"라고 물은 적이 있다. 돌아온 대답은 "별 생각 없이"였다. 그러고 보면 피동형을 제일 자유롭게 사용하는 단체도 방송국이 아닌가 싶다. 뉴스를 보면 '대학에서 가르쳐지고 있는 이론', '까맣게 잊혀진 약속' 같은 표현이 여과 없이 흘러나온다. 번역을 하고 또 가르치다 보니 자연스럽게 우리말 쓰기에도 관심을 갖는데 여기도 어정쩡하기는 마찬가지다. 우리말을 신주단지 모시듯 해야 한다는 사림파와 비록 외래어라도 이미 우리말처럼 굳어진 표현은 수용해야 하지 않겠느냐는 개방파가 서로 맞선 형국이기 때문이다.

나는 개방파에 가깝다. 우리말을 꼬박꼬박 챙겨 쓸 정도로 공부가 깊지도 못하지만 이따금 그런 식의 '외래 표현'이 유용하다고 느낄 때가 있기 때문이다. 예를 들어, '~곤 하다'라는 표현이 그렇다. 본디 우리말에 없다가 영어 'used to' 구문을 옮기면서 생겼다고 하지만 "어머니 소식을 들을 때마다 울었다" 대신 "어머니 소식을 들을 때마다 울곤 했다"라고 쓰고 싶을 때가 '있곤 했'다.

그러고 보면 번역을 가르치면서도 수동태 항목이 제일 난감하다. 이미 일반화해 사용한다면 수동 표현 역시 우리말로 받아

들여야 하지 않겠는가? 실제로 우리말에도 자연스러운 피동 표현은 얼마든지 있다. "차에 치었다." "병원에 실려 갔다"가 "차가 그를 치었다"나 "병원에 실어갔다"보다 훨씬 자연스럽게 들린다. 하지만 그렇다고 잘못된 피동형, 즉 이중 피동형(피동형 과잉)까지 인정할 생각은 없다. '담겨지다', '보여지다', '가르쳐지다', '울게 되다' 같은 표현 얘기다. 요는 어느 지점에선가 적당히 타협해야 한다는 얘기인데, 그 지점이야 당연히 나도 모르지만, 그렇다고 내가 정할 문제도 아니다.

아무튼 수강생들한테는 수동태는 가급적 능동으로 바꾸라고 얘기는 한다. 우리말처럼 굳었든 그렇지 않든 내 귀에, 내 입에 거슬리기 때문이다. "You have been observed not taking interest in your work"를 "당신이 업무에 관심 없다는 사실이 관찰되어졌다"라는 식으로 번역할 수는 없지 않은가. 피동형이 불법도 아니고 비문도 아니지만, 영어처럼 자유롭지도 못하며 애초에 좋은 표현도 아니다. 우리말로 쓸 때는 그만큼 제약이 많기 때문이다.

더 큰 문제는 텍스트가 수동태이니 번역 역시 피동형으로 해야 한다는 태도다. 이른바 '저자 신봉주의' 또는 '원작 맹신파'다. 거듭 얘기하지만 영어 문법체계를 우리말에 억지로 대입할 수는 없다. 우리글은 우리 입말에 맞게 쓰자.

다음 문장을 확인해보자.

In medieval times, philosophers and theologians believed that the exchange of goods should be governed by a "just price," determined by tradition or the intrinsic value of things.

중세시대 철학자와 신학자는 재화의 거래가 적정가에 의해 통제되어야 되며, 적정가는 전통과 재화의 내재가치에 의해 결정된다고 믿었다.

수강생이 번역한 글이다. 모르긴 몰라도 이 정도 번역이라면 출판사 편집부에서도 크게 문제 삼을 것 같지는 않다. 수동 표현이 어느 정도까지 허용되는지는 여전히 모르겠지만 출판사에서 허용하는 수준이라면 굳이 지적할 생각은 없다. 다만 번역을 하다 보면 우리말 규칙의 잣대가 작가보다 오히려 번역가에게 엄격하다는 사실 정도는 지적하고 싶다. 작가가 번역 투를 사용하면 '독특한 스타일'이겠으나 번역가의 경우는 '번역가가 우리말도 모르냐'는 식의 비난에 직면할 수 있다. 그래서 수강생들에게 가급적 '~에 의해', '~된다' 같은 표현을 피하라고 한다. 괜한 오해를 받을 필요는 없다. 이왕이면 다홍치마라고, 되도록 우리말 습관에 맞게 번역하는 편이 좋지 않겠는가. 위 번역 문장을 아래와 비교해보자.

중세 철학자와 신학자들의 신념대로라면 재화 거래는 '적정가'로 통제해야 하며 적정가는 전통과 재화의 내재가치로 정한다.

아래 문장을 살펴보고 수동 표현을 피해서 번역해보자.

a) Two days before Cicero was inaugurated as consul of Rome, the body of a child was pulled from the River of Tiber.

b) Thomas was observed often behaving in an erratic fashion during his Las Vegas stages. It should be noted that his shows have become increasingly obscene and violently antihomosexual.

c) Together they went out into the hall, Hoffmann taking exaggerated care with each step, like a drunk who wishes to be thought sober.

a)에서 'was inaugurated'는 대개 '등극하다'라고 번역하겠지만 'was pulled'는 '인양되다'로 더 많이 번역할 것 같다. 이유는 '인양하다'라고 하면 주어를 키케로로 오해할 우려가 있기 때문인데, 우리말에서는 문맥이 숨은 주어를 대신할 수 있기에 크게 걱정할 필요가 없다. 로마 집정관은 지금의 대통령 격인데 직접 인양할 이유가 어디 있겠는가.

a) 키케로가 로마 집정관으로 등극하기 이틀 전, 티베르강에서

아이 시체를 하나 인양했다.

초반에도 언급했듯이 '~되어지다', '~하여지다' 등의 이중 피동형은 되도록 자제하자. b) 문장에서 'was observed'를 '관찰되어졌다' 식으로 번역할 수는 없다. 'It should be noted'도 '~라는 점이 주목되어져야 한다'보다는 문장 앞으로 끌어내 '주목해야 할 사실은' 식으로 풀어 문장 전체를 이끌어가도록 처리하면 자연스럽다. 마지막 밑줄 또한 '~하여지다', '하게 되다' 식으로 번역하지 않도록 주의하자.

b) 토머스를 지켜본 결과, 라스베이거스 무대에 오르는 동안 종종 돌출 행동을 보였다. 주목할 만한 사실은 쇼도 갈수록 음란해지는 데다 동성애 혐오 성향까지 강하게 드러냈다는 점이다.

그런데 c)는 제법 난도가 있어 보인다. 이 경우 'exaggerated care'를 '과장된 배려'로 번역하는 것도 마음에 들지 않는다. 'to be thought sober'는 더욱 난감할 수 있다. '맨정신이라고 생각되어지기를' 식의 번역은 우리말과 거리가 멀다.

c) 함께 복도로 나갔을 때 호프만은 지나치다 싶을 정도로 조심스럽게 걸음을 내디뎠는데, 마치 취한 사람이 멀쩡해 보이려 애쓰는 듯 보였다.

위 예제들은 약간만 수정하면 되었으나 때로는 수동 표현을 피하기 위해 전체 구조를 바꿔야 하는 경우도 있다. 예를 들어, 처음 제시한 예문 "You have been observed not taking interest in your work"가 그렇다. 'You'를 주어로 할 경우 뒷문장을 어떻게 처리해도 자연스러운 번역이 어려울 수밖에 없다. 이런 경우 "지금껏 살펴본 결과 당신은 업무에 관심이 없었다"와 같이 문장구조 전체를 바꾸면 한결 자연스럽다. 명심하자. 외국어 문장을 그대로 우리말로 옮기려 하지 말고 외국어 문장의 의미를 이해한 뒤 그에 걸맞은 우리말 시스템과 입말을 찾아주자.

아래 문장을 번역해보자.

a) He tracked names linked to numbers linked to public stockholder reports.

 b) By studying the evidence given by all available sources, and by correlating the relevant facts, we obtain some idea of the origin and development of the team.

a)의 경우 수동형도 문제지만 그대로 번역하면 다음에 다룰 '문장형 수식을 피하자'는 규칙에도 어긋난다. "주주보고서와 관련된 숫자와 관련된 이름을 추적했다"라고 번역한다면 결국 모호성도 피할 수 없다. '주주보고서'가 '숫자'를 수식하는지 '이름'을 수식하는지 분명치 않다는 뜻이다. 이 경우 문장구조를 재편해야

수동 표현을 피할 수 있다.

a) 그는 주주보고서와 관련해 숫자를 점검하고 거기에서 다시 이름을 추적했다.

한편, b)는 'given'이 수동형일 뿐 아니라 문장형 수식을 유발하므로 주의해야 한다. 역시 기호를 그대로 옮기지 말고 구문의 의미를 정확히 파악해 그에 맞는 우리말을 찾아주어야 번역이 가능하다. 상상력을 최대한 발휘하자. 수동적이고 물리적인 옮겨쓰기로는 올바른 번역이 불가능하다.

b) 정보통을 최대한 가동해 증거를 수집, 연구하고 관련 사실을 상호 비교해보면 팀의 기원과 발전과정을 어느 정도 파악할 수 있다.

주의해야 할 피동 표현

상황은 오히려 악화되었다.
100년 전에 지어진 집
나치에 의해 살해된 유대인

수강생들에게 과제를 내주면 이따금 번역을 훌륭하게 해놓고 우리말 표현 때문에 지적을 받는 경우가 적지 않다. 나 역시 전문가가 아니기에 우리말 능력이 많이 부족할 수밖에 없다. 게다가 관용적으로 사용하는 표현까지 단순히 뿌리가 없다는 이유로 금해야 하는지 여전히 논쟁이 많아 그런 식의 지적이 조심스러울 수밖에 없다. 다만, 지금껏 사용해온 입말이 있으니 우선 그 기준이라도 따라주기를 바랄 뿐이다.

이 책은 우리말 문법책이 아니므로 번역할 때 종종 등장하는 수동 표현 세 가지만 예로 들어본다. 우리말을 바로 쓰려는 노력과 태도야말로 번역가가 반드시 지녀야 할 덕목이다. 올바른 우리말을 써야 번역 또한 아름다울 수 있다. 우리말 사용법에 대해서라면 이수열의 『이수열 선생님의 우리말 바로 쓰기』와 이오덕의 『우리글 바로 쓰기 1』을 권한다.

첫째, '~되(돼)다'는 '~하다'를 잘못 표기하는 경우로 가장 많이 지적한다.

복권에 당첨되다 → 복권에 당첨하다.
마을이 침수되었다 → 마을이 침수했다.
회의를 거쳐 결정돼야 하다. → 회의를 거쳐 결정해야 한다.

이밖에도 '개회하다, 마비하다, 약화하다, 붕괴하다' 등 예가 많다.

둘째, '~어지다' 역시 어색한 피동이다.

말버릇이 고쳐져야 한다 → 말버릇을 고쳐야 한다.
하룻밤 새에 만들어진 법안 → 하룻밤 새에 만든 법안

이밖에도 길러지다, 가르쳐지다, 고쳐지다 등 예가 많다.

마지막으로 '~에 의해서'는 수동태 문장의 영향으로 by를 잘못 옮기는 경우에 해당한다. 원래 '~에 의하다'는 '근거를 두다'를 나타내는 옛말이나 영어가 범람하면서 '행위자'를 나타내는 표현으로 바뀌었다고 한다. 예를 들어 "the U.S. military has awarded the medal to soldiers wounded or killed in battle by enemy action"을 "적군에 의해서 부상당하거나 전사한 병사들" 식으로 번역하는데, 그보다는 "적군에게 부상당하거나 전사한 병사들"이 나은 표현이다.

그런 점에서 '~로부터 from'과 '~에 대해서 about', '~시키다' 등도 조심해야 할 표현이다.

번역 사례

Albert smiled, smug as always, even <u>outnumbered and outgunned</u>.

앨버트의 미소는 언제나처럼 자신만만했지만, 사실 머릿수도 화력도 열세였다.

It also meant that Thomas had men under him who knew the mood in the prison so well that any troublemaker <u>could be rooted out and dealt with</u> before he had time to organize.

게다가 교도소 상황에 정통한 자를 수하에 두는 일이니, 토머스는 문제아들이 세를 규합하기 전에 색출해 처리할 수 있었다.

They've had the pathologist's report and <u>the body may be released</u>. An early cremation <u>is recommended</u>. I thought perhaps if I gave you the name of the firm that is handling things, you might care to pass it on to those concerned.

그쪽에서도 사망진단서를 받았으니 시신을 내줄 겁니다. 조기 화장이 좋을 것 같군요. 그런 일을 취급하는 업체를 알려드릴 테니, 괜찮으시다면 관계자들에게 전해주세요.

As Her eyes grew accustomed to the darkness she decided she was in a professor's house. The walls were lined with real books that had been read and flagged and shoved back none too tidily.

어둠에 적응하면서 그녀는 그곳이 교수의 집이라고 확신했다. 사방 벽이 책들로 가득했는데, 군데군데 접히고 아무렇게나 꽂아놓은 모양새가 장식용은 절대 아니었다.

형용사는 부사어로

웃음기 없는 얼굴과 침착하고 강렬한 눈빛을 보니 자신과 닮은
데가 있다는 생각이 들었다. 제네바 역시 조상과 닮은 둥글둥글
한 두상과 얼굴, 검은 피부를 하고 있었다.

-『12번째 카드』 중에서

번역 일을 하고 번역 강의를 하면서 고질적인 습관이 하나
생겼다. 다른 책을 읽으면 나도 모르게 자꾸 교정을 보고 첨삭을
하고 만다. 어느 순간부터는 증세가 심해져 아예 독서를 포기하
는 지경에 이르렀다. 처음에는 마음먹고 책을 읽어 내려가지만
어느새 어느 구절에 걸려 더 나아가지 못하고 이 표현은 이렇게
고치면 더 좋을 텐데, 이 구절은 원문이 이러이러했겠지? 오, 이
번역은 정말 신선하다…… 하는 생각을 하지 않는가. 병도 병도
이런 고질병이 없다.(나만 그런가?)

특히 신경이 쓰이는 대목이 대명사와 형용사 부분이다. 크게
비문이랄 것도 없고 가독성도 나쁘지 않건만 마음속에 정한 기
준이 있다 보니 나도 모르게 자꾸 신경이 쓰인다. 위에 인용한 번
역글이 한 예다. '웃음기 없는 얼굴', '침착하고 강렬한 눈빛', '둥
글둥글한 두상과 얼굴', '검은 피부' 같은 표현은 별로 어색해 보
이지 않을 수 있건만 기어이 '나 같으면……'의 함정에 빠져 그
냥 지나치지 못하고 맴을 돌고 만다. 요는 '관형어 표현'이 너무

많다는 트집이겠다. 마찬가지로 관형어를 아예 쓰지 말자는 얘기가 아니다. 다만 텍스트에서 형용사를 썼다는 이유로 우리까지 고집스럽게 '관형어'로 명사를 꾸며 번역해야 할 필요는 없다는 뜻이다.

영어로는 형용사, 우리말로는 관형어, 즉 명사를 꾸미는 수식어 얘기다. 관형어 남용은 번역 투를 만드는 지름길이자 일등공신이다. 전에도 언급했듯이 "He has a good memory"는 "그는 좋은 기억력을 갖고 있다"보다는 "그는 기억력이 좋다" 정도가 좋다. 영어는 '형용사+명사' 구조를 즐겨 쓴다. 그와 반대로 우리는 관형어와 별로 친하지 않아 쓰임이 제한적이다. 이 이야기는 '논의의 시작' 장에서도 잠깐 언급했다. 윗글 원문을 확인해보지 않았지만(사실 확인할 필요도 없다) 나 같으면 이렇게 풀어나갔을 것 같다.

얼굴에는 웃음기가 없고 눈빛은 침착하면서도 강렬했다. 어딘가 자신과 닮았다는 생각도 들었다. 제네바 역시 선조들처럼 두상과 얼굴이 둥글둥글하고 피부가 검었다.

일단 '형용사+명사' 표현을 모두 없앴다. 그렇게 하고 보니 '조상과 닮은 둥글둥글한'의 이중 수식 문제도 해결하고 '검은 피부' 뒤의 '하고 있었다' 같은 무의미한 서술도 사라졌다. 적어도 '우리글'에 좀더 가까워졌다. 몇 문장을 더 확인해보자.

a) They had experienced enough excitement that, when the war was over, they desired simply to lead a less eventful life.

b) Paul ended up with a gentle and calm disposition under his leathery exterior.

c) A muted whisper of conversation started up again.

a)는 번역 투가 나오기 쉬운 전형적인 구문이다. 'enough excitement'를 습관처럼 '충분한 격랑', 'eventful life'를 '파란만장한 삶'과 같이 옮기려 하기 때문이다. 하지만 '형용사+명사' 구문을 그대로 가져와 우리말로 옮기면 '행복하게 살았다'로 간단하게 끝낼 표현도 '행복한 삶을 살았다'처럼 중복이 불가피해지고 글도 길어진다. 가독성도 당연히 떨어진다. 영어의 '형용사+명사'는 '명사어+서술어' 또는 '부사어+서술어'로 구조를 바꾸어 번역하는 습관을 기르자.

a) 그들은 온갖 풍파를 겪었기에 종전 후엔 그저 평범하고 편안하게 살고 싶었다.

b)는 조금 어려워 보이나 마찬가지다. "거친 외모 아래 상냥하고 온화한 성격으로 자랐다"라는 번역은 아무래도 입말이 거

칠다. '거친 외모 아래 …… 자랐다'는 의미가 '모호'하기도 하다. 그보다 역시 '명사어+서술어'식 표현이 자연스럽다.

b) 폴은 자라면서 외모는 거칠어졌어도 성격은 상냥하고 온화했다.

c)는 부사 중에서도 의성어, 의태어를 강조하기 위해 인용했다. 우리말은 부사가 발달했다고 했는데 당연히 의성어, 의태어도 포함한다. 예를 들어, '조용히 걸었다'보다 '사뿐사뿐 걸었다'가 아름답고 '가볍게 건드렸다'보다 '툭툭 건드렸다'가 한결 맛깔난다. 위의 문장 또한 '조용한 대화소리가 다시 들려왔다' 식의 밋밋하고 어색한 번역보다는 아래와 같이 의성어를 섞으면 훨씬 읽는 맛이 좋다.

c) 사람들이 다시 조곤조곤 속삭이기 시작했다.

의성어, 의태어에 초점을 두고 다음 문장들을 살펴보자.

A donkey plodded down the track on Camino de Santiago.
당나귀 한 마리가 산티아고 순례길을 따라 뒤뚱뒤뚱 걸었다.

He wanted to tap him on the shoulder and wish him good luck.
친구 어깨를 툭 치며 행운을 빌어주고 싶었다.

When hydrating while hiking or exercising is it better to gulp large amounts of water at one time or sip it over a period of time?

도보 여행을 하거나 운동을 하다가 갈증이 나면 물을 한 번에 벌컥벌컥 들이켤까, 아니면 여러 차례에 걸쳐 홀짝거릴까?

관형어/부사어 사용은 언어의 구조 외에 글맛, 글멋과도 관계가 있다. 말 그대로 '수식어'이기 때문이다. 어느 언어든 즐겨 쓰는 표현이나 품사는 그만큼 어휘가 풍부할 수밖에 없는데, 우리글에서는 관형어보다 부사어가 그 경우에 속한다. 그만큼 자주 쓰기 때문이다. 알래스카에는 눈을 가리키는 단어가 50개도 넘는다고 하지 않던가. 예를 들어, 영어에서 'all', 'every', 'entire', 'whole' 등이 조금씩 의미 차이가 있으나 그대로 관형어로 번역하면 우리말은 대체로 '모든' 하나로 환원하고 만다. 하지만 부사로 바꿔 번역한다면 아래와 같이 상황이 달라진다.

All the people went out.
모든 사람이 밖으로 나갔다.

사람들이 모두 밖으로 나갔다.
사람들이 모조리 밖으로 나갔다.
사람들이 일제히 밖으로 나갔다.

all	sudden	immediate
모두	갑자기	즉시
모든	급작스레	즉각
모조리	갑작스레	당장
고스란히	급기	곧바로
공히	불각시	금방
남김없이	홀저에	단박
하나같이	홀연히	단숨에
빠짐없이	홀연	재빨리
너나없이	창졸간	속히
갖추갖추	졸창간에	냉큼
깡그리	엉겁결에	넌떡
몽땅	얼떨결에	얼른
통틀어	아연히	떼꺽
온갖	거연히	어서
온통	순식간에	족속
일일이	불현듯이	즉변
저저이	불현듯	즉금
전부	불시에	당각
일체	불의에	이내
죄다	불쑥	얼른
낱낱이	별안간	득돌같이
……	벌컥	대뜸
	무망중	……
	돌연히	
	돌연	
	다따가	
	느닷없이	
	난데없이	
	창황히	
	……	

사람들이 <u>우르르</u> 밖으로 나갔다.(의태어)

사람들이 <u>한꺼번에</u> 몰려 나갔다.

......

번역가 C는 데뷔하기 전 내 강의를 들었는데 당시에도 번역을 대하는 자세가 진지하고 집요했다. 그가 어느 날, 몇 가지 단어를 예로 들며 우리말로 번역 가능한 표현을 목록으로 정리해서 페이스북 그룹에 올린 적이 있다. 그중 몇 항목을 인용하면 앞쪽의 표와 같다.

여기에서 알 수 있듯이, 우리말은 관형어 표현보다 부사어 표현이 월등히 많다. 당연히 선택할 수 있는 표현의 범주가 넓고 다양하므로 적절히 활용한다면 글이 단단하고 아름다워진다. 번역은 표현 싸움이다.

문장형 수식의 처리

우리말이 관형어와 친하지 않다면 당연히 문장형 수식(영어의 관계대명사, 형용사구)도 피해야 할 상대다. 아니, 더더욱 쓰지 않아야 한다. 그런데도 "관계절/형용사구는 선행사를 수식한다"라는 영어교육 때문인지 번역서에 유난히 문장형 수식이 많다. 실제로 번역서의 80~90퍼센트가 아무렇지 않게 문장형 수식을 사용하며, 요즘에는 우리말 책에서도 '새벽에 일찍 일어나는 나는~' 식의 표현을 어렵지 않게 볼 수 있다. 기존 번역이론서들 역시 관형 표현을 가급적 부사어로 바꿔 번역하라고 권하면서도 문장형 수식에 대해서는 별로 언급하지 않았다. 문장형 수식의 예를 몇 가지 들어보자.

a) 절대로 규칙을 어길 리 없는 헤르미온느가, 그런 그녀가 그들을 위험에서 빠져나오게 하기 위해 규칙을 어긴 척하고 있었다.

b) 샹도니 패밀리는 가학적인 유희를 위한 폭력과 이윤을 창출하기 위한 거미줄 같은 조직을 갖추고 있는 범죄 집단이며, 장 밥티스트와 제이 톨리는 이윤을 추구하지 않는 유희를 즐겼다.

a)에서는 주어 헤르미온느가 기다란 수식 표현에 묻혔으며, b)는 문장형 수식 때문에 수식 대상마저 모호해졌다. '가학적인 유희를 위한'이 수식하고자 하는 대상이 '폭력'일까? '폭력과 이윤'일까? 아니면 '폭력과 이윤을 창출하기 위한 거미줄 같은 조직'일까? 그도 아니면 '폭력과 이윤을 창출하기 위한 거미줄 같은 조직을 갖추고 있는 범죄 집단'일까? 위 문장으로는 도무지 판단 할 수 없다. 예를 들어 다음 문장들을 보자.

He was a taut, tattooed engine mechanic, six feet tall, with a passing resemblance to James Dean.

그는 얼핏 제임스 딘을 닮은 180센티미터 정도의 문신을 한 엔진정비공이었다.

'제임스 딘을 닮은 그리고 180센티미터 정도의 문신을 한'의 구문이 문장형 수식으로 엔진정비공을 꾸미는데, 이렇게 번역하면 이 문장의 핵심어인 엔진정비공이 수식 표현에 묻힐 뿐 아니라 제임스 딘을 닮고 180센티미터 정도가 되는 대상이 문신인지 엔진정비공인지 모호하게 된다. 이런 식의 문장형 수식을 피하려면 '유니트 순서대로' 번역하는 방법이 최선이다. 위 문장을 다시 번역하면 다음과 같다.

그는 건장한 엔진정비공으로 몸에 문신을 했으며, 키는 180센티미터 정도에 얼핏 제임스 딘을 닮았다.

또 다른 문장형 수식 번역 사례를 살펴보자.

a) Great scientists of our time who sound religious usually turn out not to be so when you examine their beliefs more deeply.

종교적으로 보이는 이 시대의 위대한 과학자들도 신념을 좀더 깊숙이 들여다보면 대부분 그렇지 않았다.

b) The first had for its background Paris, and for a season the boiling month of August, when Parisians by tradition abandon their city to the scalding sunshine and the busloads of packaged tourists.

첫 번째는 배경이 파리였다. 계절로 치면 파리지앵들은 도시를 떠나고 저 지독한 햇볕과 단체관광 버스들이 대신 그 자리를 차지하는, 이글거리는 8월이었다.

c) They were also the first humans to leave behind strong evidence of burying their dead and caring for their sick.

또한 그들은 죽은 자를 매장하고 병자를 간호했다는 사실을 증거로 남긴 최초의 인류였다.

번역서 대부분은 이런 식으로 처리할 듯싶다. 형용사구(절)가 선행사 명사를 수식하도록 처리하는 것이다. 사실, 이 정도만 번역해도 번역품질에 시비를 거는 사람은 거의 없을 듯하다. 더욱이 번역자로서도 정신적 소모를 줄일 수 있다. 굳이 문장구조를 바꾸느라 골머리를 썩을 필요가 없기 때문이다. 다만 번역문이 좋은 글의 역할에 충실한지, 상대적으로 가독성이 떨어지지 않는지 하는 문제는 다시 생각해봐야 한다. 나라면 다음과 같이 문장형 수식을 모두 없애는 방향으로 번역하겠다.

a) 이 시대의 위대한 과학자들이 종교적으로 보인다 해도, 신념을 좀더 깊숙이 들여다보면 대부분 그렇지 않다.

b) 첫 번째는 배경이 파리였다. 계절로 치면 폭염이 이글거리는 8월, 이즈음이면 파리지앵들은 도시를 떠나고 저 지독한 햇볕과 단체관광 버스들이 그 자리를 대신 차지한다.

c) 또한 그들이 인류 최초로 죽은 자를 매장하고 병자를 간호했다는 사실도 증거로 분명하게 드러났다.

문장형 수식을 피하려 할 때 가장 좋은 방법은 '유니트 순서대로 번역'하는 것이다. 유니트의 개념과 가치는 바로 뒤에 다루겠지만, 실제로 위의 번역 사례는 모두 유니트 순서대로 처리했다. 문장을 구 또는 절로 나눠 그 순서대로 번역했다는 뜻이다.

유니트 순서대로 번역하라

You guys are asking me to do something that could jeopardize my career.
너희는 내 경력을 위기에 빠뜨릴 수 있는 부탁을 하고 있어.

"독자의 언어로 번역하라"에서도 지적했듯이 어느 언어든 '시간과 논리 순서로 기록'할 때 가장 자연스럽다. 문장이 예외 없이 자연스러울 리도 없고 자연스러운 문장이 반드시 좋은 문장이라 할 수도 없지만 대개 문장, 문단, 글이 시간과 논리 순서를 따르는 것만은 분명한 사실이다. "문장형 수식을 피하라"에서 잠깐 언급했듯이, 문장형 수식에는 다음과 같이 몇 가지 부작용이 있다.

- 수식 대상이 많아져 모호성(ambiguity)이 발생한다.
- 시간과 논리가 역순인 데다 문장 핵심어가 수식 표현에 묻혀 글뜻을 파악하기가 어렵다. 당연히 가독성도 떨어진다.
- 진술과 강조의 순서를 바꾸면 글맛이 떨어진다.
- 문장 전체를 읽어야 번역이 가능하므로 작업속도가 느릴 수밖에 없다.

"유니트 순서대로 번역하라"는 내 강의에서도 핵심에 속한다. '유니트'는 뜻이 상대적이므로 일단 '구 또는 절'을 하나의 유니트로 생각하자. 학창 시절 영어 문장을 읽을 때 접속사 앞에서 끊어 읽으라고 교육받았을 것이다. 예를 들어, 다음 문장은 네 유니트로 나눌 수 있다(유니트의 개념 자체가 상대적이므로 이 경우 유니트는 둘일 수도 있고 셋일 수도 있다).

(1) We surely are close to the Swiss. / (2) However, Thomas has

a number of clients / (3) who are wholly or partly domiciled in the Federal Republic of Germany, / (4) a fact which places us in a fairly embarrassing position.

유니트는 매우 중요한 개념이다. 우리가 영어 문장을 파악하려고 할 때도 유니트로 끊어보면 복잡한 구문도 의외로 쉽게 해결된다. 번역 강좌를 할 때도 늘 몇 시간 따라 떼어 유니트를 활용해 구문을 파악하도록 훈련한다. 구문을 정확히 파악하는 일이야말로 번역의 첫걸음이다. 끊어 읽으라는 말은 끊어 읽지 않은 구문은 끊어서 생각하지 말라는 뜻과 같다. 과거에는 의미의 최소 단위를 '단어'라고 생각했지만 지금은 '유니트'다. 이는 "문맥이 없으면 의미도 없다"는 명제와도 일맥상통한다. 번역은 (1), (2), (3), (4) 순서대로 하도록 (가급적) 노력해야 한다.

물론 우리도 스위스 사람들과 가깝습니다. (1) / 하지만 토머스의 고객 상당수가 (2) / 독일에 살거나 연고가 있기 때문에 (3) / 우리도 상황이 매우 난감합니다. (4)

당연한 얘기지만 영어 텍스트가 예외 없이 '시간, 논리' 순서가 아니기에 유니트 순서대로 번역하는 방식 또한 만병통치약은 될 수 없다. 대개 시간과 논리 순서대로 구성하면 글이 자연스럽기에 유니트 순서에 따라 번역할 필요가 있지만, 그렇지 않은 경우는 오히려 유니트 순서가 번역을 어색하게 만들 수도 있다. 다음 문장들을 살펴보자.

a) You will rejoice to hear (1) / that no disaster has accompanied the commencement of an enterprise (2) / which you have regarded with such evil forebodings. (3)

b) If you are going to hang out with your friends, (1) / you should do something (2) / that doesn't involve spending money (3) / such as going to the park or playing football. (4)

a)는 유니트 순서대로 "당연히 기뻐해주시겠지만 (1) / 모험은 아무 사고 없이 시작했습니다. (2) / 걱정해주신 데 대해서는 감사드립니다" 식으로 번역할 수는 있으나 (2)와 (3)의 인과관계가 역순이라 어딘가 번잡하고 부자연스럽다. 다시 말하지만, 번역은 시간과 논리 순서대로 해야 자연스럽다.

a) 너도 당연히 기쁘겠지만, 네가 그렇게 불안해했음에도 불구하고 탐험은 무사히 진행 중이란다.

b)는 시간과 논리 순서와 무관하므로 유니트 순서대로 번역하는 일도 충분히 가능하다. "친구들과 잘 지내고 싶으면 (1) / 함

께 놀이를 하되 (2) / 돈이 부담이 되지 않아야 한다. (3) / 예를 들어, 공원에 가거나 축구를 하는 것도 좋다. (4)" 다만 'such as' 구문은 동격에 속하므로 어디에 둘지는 문맥에 따라 또는 역자 판단에 따라 선택이 가능하다.

b) 친구들과 잘 지내고 싶으면 / 함께 놀이를 하되 / 공원에 가거나 축구를 하는 것처럼 / 돈이 부담이 되지 않도록 한다.

다음 문장을 보고 유니트 순서대로 번역해보자. 다만, 연습문제이니 다소 무리해 보이더라도 반드시 유니트 순서를 지키자.

c) I'd have to be an idiot to believe you.

d) It was a moment of ecstasy that was so different from his ordinary manner it always made me cheer him on.

e) It was a thoroughly odd sensation, and not at all a pleasant one, when I got my book back before Alec touched it, to discover that I had been given used goods.

수강생들에게 번역 기술을 가르치며 종종 '기호에서 멀어지라'고 주문한다. 번역가들에게 외국어 텍스트는 굴레와도 같다.

번역 투를 피해야겠다고 아무리 애를 써도 정신없이 번역하다 보면 기어이 외국어 구조에 말려들기 때문이다. 다시 한번 강조하지만 번역은 기호가 아니라 시스템 자체를 옮기는 과정이다. 우리말 시스템이 아니면 아무리 기호를 한글로 옮긴다고 해도 우리말이 될 수 없다. 번역은 기술이지만 단순히 기술로만 해결할 수 없는 부분이 여기에 있다. 아무리 노련해도 구조와 표현 자체를 바꿔야 하는 문제라면, 한 번쯤 호흡을 가다듬어야 하기 때문이다. 번역은 기술이지만 그 기술을 기계적으로 적용하지는 말자. 바보 온달이 어느 순간 깨달음을 얻었듯이 번역도 어느 순간 '아, 이런 것이 번역이구나!' 하고 뭔가 느낌이 올 때가 있다.

기호에서 멀어져 유니트를 보고, 유니트를 바탕으로 전체 의미를 파악하고, 그 의미를 정확히 전해줄 우리말 구조와 표현을 찾는다. 번역은 바로 이렇게 완성된다. 위 문장을 먼저 번역한 뒤 아래 문장들과 비교해보자.

c) 정신 나간 놈이 아니고야 어떻게 네 말을 믿겠냐?
내가 바보냐, 너를 믿게?

d) 그 친구 한번 신나면 평소 모습과 완전히 달라지는 통에 나도 항상 흥을 부추겼다.

e) 기분이 아주 묘했는데 딱히 좋은 쪽은 아니었다. 알렉한테 책

을 돌려받고 보니 비록 손을 대지는 않았다지만 어쩐지 중고책을 받은 것 같았기 때문이다.

"유니트 순서대로 번역하라"가 어떤 의미인지 이해했으리라 믿는다. 따라서 이 단원 서두에 인용한 문장 "You guys are asking me to do something that could jeopardize my career"도 이렇게 바꿀 수 있다. "너희 부탁 때문에 내 경력이 위험에 빠질 수도 있어." 유니트는 번역에서 중요한 개념이다. 어느 정도는 반복훈련과 상상력이 필요하므로 다음 번역 사례를 충실히 번역하며 요령을 터득하기 바란다.

번역 사례

I carried out a detailed inspection of the subject's cranium.

나는 피험자의 두개골을 꼼꼼하게 확인했다.

The advocate explained the nature of our mission here in elementary terms.

변호사는 우리가 이곳에 온 이유를 또박또박 설명했다.

For an instant he had an incongruous mental image of a prisoner in an exercise yard.

순간 묘하게도 죄수가 되어 교도소 운동장에 서 있는 기분이 들었다.

I speak the slow and exaggeratedly formal English of the laboriously self-taught.

내 영어는 어렵사리 독학한 사람들처럼 느리고 지나치게 교과서적이다.

Hoover, facing a reelection fight, / kept talking about a light at the end of the tunnel, / but most people decided / that light came from the train barreling up to run them over.

후버는 재선에 도전하며 터널 끝에 빛이 있다고 구호처럼 외쳤지만, 다른 사람들 생각엔 그 빛은 자신들을 덮칠 기세로 질주해오는 열차였다.

The Cubans, about thirty of them, / came out after the Spaniards, / most of them dressed in the white baggy pants and white baggy shirts / that reminded Joe of pajamas.

쿠바인들이 스페인인들을 뒤쫓아 나왔다. 모두 서른 명 정도였는데 대개가 펑퍼짐한 흰 바지와 흰 셔츠 차림인지라 조가 보기에는 잠옷이 따로 없었다.

Every now and again along the highway, / I'd pass a tree / tied with faded strips of cloth, glass beads and old coins round its base.

대로를 달리다 보면 간혹 기이한 나무를 만나게 되는데, 색바랜 천조각과 유리구슬, 낡은 동전 따위를 밑동에 묶어놓았다.

On every block, a business evoked a negative memory, / and there was one where the experience was so egregious / the thought of it sent me careening so completely into the past / that I grayed out and don't remember the last five minutes of the walk.

거리거리 가게를 지나칠 때마다 아픈 기억이 떠올랐다. 더욱이 한곳에서의 경험은 너무도 끔찍해 생각하는 것만으로도 나는 과거로 곤두박질치고 머릿속까지 하얘져 마지막 5분간은 어떻게 걸었는지 기억조차 나지 않는다.

That's a long way to wander, / especially since at the time I limped badly, / used a cane, / and walked at the pace of an eighty-five-year-old man.

걸어가기에는 너무 먼 거리이거니와 당시에는 심하게 절룩거리고 지팡이를 사용했기에 팔순 노인만큼이나 걸음이 느렸다.

Jim stepped back into the fresh air, / Thomas plodding agreeably at his side. / Mrs. Simpson, who had waited for them, / fell in at her master's heels.

짐이 서늘한 야외로 물러나자 토머스가 바로 옆에서 졸랑거리며 따라갔다. 심슨 부인도 두 사람을 기다리다가 얼른 주인 발꿈치에 따라붙었다.

6장 ____ 여백을 번역하라

『백설공주』 이야기

이 책에서 '여백'은 "비록 기호로 드러나지 않지만 기호와 함께 의미를 구성하므로 번역에 필요한 요소로 인식해야 하는 제반 상황" 정도를 뜻한다. 가장 기본적으로 두 언어의 문법체계와 차이가 있고, 그밖에 목소리, 각 언어의 사용 습관, 번역하는 시대 차이 등 번역에서 고려해야 할 여백은 얼마든지 있다. 지금까지 대부분 번역할 때 '기호'만 번역 대상으로 보았기에 번역에서 기본적인 문법체계마저 무시하고 번역 투를 양산했으며, 우리는 이를 '직역'이라는 이름으로 미화했다.

"여백을 번역하라"는 제목은 외국어를 자연스러운 우리말로 다시 쓰는 것이 바람직할 뿐 아니라 가능하다는 사실을 증명하려고 이 책에 끌어들였다. 또 21세기 기술로서 번역을 설명하기에도 적합하다고 보았다. 포스트모더니즘, 해체주의, 신역사주의, 페미니즘 등 21세기 문예사조이자 세계관은 내 기억으로도 늘 억압된 목소리와 감춰진 목소리를 드러내고, 기호가 아니라 기호와 기호의 관계에 관심을 보였다. 다시 말해, 여백을 바탕으로 기존의 문학을 재해석·재조명하고 재발견했다는 뜻이다. 비록 오래전일이지만 대학원 시절 전공분야이기도 한 터라 나로서도 이런 식의 텍스트 읽기에 익숙하다.

다만, 여백의 개념을 언어로 설명하기가 쉽지 않아 강의 중 주로 『다락방의 미친 여자』, 그중에서도 「여왕의 거울(The Queen's Looking Glass)」을 예로 들곤 하였다. 『백설공주』는 누구나 아는 전래동화이므로 샌드라 길버트(Sandra Gilbert)와 수전 구바(Susan Gubar)의 여백 해석이 어떤 의미인지 쉽게 전달할 수 있었다(물론 말과 글이 다르기는 하다). 『다락방의 미친 여자』는 페미니즘의 성서와도 같은 책이며, 기존의 문학작품을 완전히 색다른 관점에서 재해석하는 데 성공했다는 평을 받았다.

그림형제의 『백설공주』는 우리에게 잘 알려진 전래동화다. 착하면 상을 받고 악하면 벌을 받는다는 '권선징악'의 본보기로도 유명하다. 하지만 이 짧은 동화는 그밖에도 백인 우월주의, 계급주의, 가부장적 세계관, 여성 비하 요소 등 해석의 스펙트럼이 무척이나 다양하다. 『다락방의 미친 여자』는 거기에 '남성 중심 세계를 확대 재생산하기 위한 여성 교육용 교과서'라는 새로운 해석을 더해주었다. 사실 그 이야기를 이곳에 다시 소개하는 이유는 해석의 특이성 자체가 아니라 해석 방법 때문이다. 두 페미니스트 학자가 어떻게 『백설공주』라는 텍스트를 해체하고, 기호가 아니라 여백을 바탕으로 재해석·재구성하는지 봐달라고 부탁하는 것이다. 그래야 어떻게 여백이 의미가 되고, 어떻게 여백이라는 요소까지 고려해 번역해야 하는지 좀더 쉽게 이해할 것 같다. 일단 독자의 이해를 더하기 위해 해당 부분의 핵심 내용을 정리해보았다. '여백을 통한 텍스트 읽기'의 의도를 충분히 전할 수 있으리라 믿어본다.

Scene 1: 『백설공주』에서는 도입부에 탑이 등장한다. 탑을 클로즈업하면 창이 하나 나타나는데 그 안에 한 여자가 있다. 여자는 백설공주의 친모인 여왕으로 물레를 돌리고 있다.

설명: 창은 세상을 바라보는 관점, 즉 세계관을 상징한다. 중세기의 전형적인 그림을 보면 학자의 서재 창밖으로 교회가 서 있다. 요컨대 교회를 통해 세상을 바라보고 이해하라는 종교적 세계관을 뜻한다. 이 동화에서 창을 통해 여성을 드러낸다는 의미는 남성이 어떻게 여성을 해석하는지의 문제, 즉 남성의 관점을 나타낸다. 남성은 여성을 어떻게 볼까? 전통적 관점에서, 여성은 이브(마녀) 아니면 마리아(천사)였다. 사탄의 유혹에 빠져 인류를 멸망으로 이끈 이브, 그리고 예수를 잉태함으로써 구원 가능성을 열어준 마리아. 19세기 제인 오스틴이 등장하기 전까지 남성 주

도의 문학작품에서 여성은 늘 그렇게 마녀 아니면 천사로 등장한다. 이 상징에서도 남성의 주관에 따라 인간, 인격으로서 여성(여왕)은 죽고 천사로서 백설공주 그리고 마녀로서 계모로 (강제) 분화한다.

이때 여왕은 물레를 타다가 손가락을 찔려 피를 흘리는데, 전통적으로 여성의 출혈은 두 가지 의미가 있다. 출산과 죽음. 그에 따라 여왕은 백설공주를 낳고 숨을 거둔다. 남성의 강요로 천사/마녀로 분열이 완성된 것이다.

Scene 2: 계모 여왕이 죽이려 하자 백설공주는 궁전을 탈출해 사냥꾼 등에게 구원을 받는다.

설명: 공주는 이야기 속에서 세 번 구원을 받으며 구원자는 모두 남성이다. 흥미로운 사실은 그렇게 남성들한테 구원을 받으면서 점점 더 신분이 천해진다는 것이다. 왕의 보호를 받을 때는 공주였으나 사냥꾼에게 도움을 받은 후에는 도망자로, 일곱 난쟁이를 만나면서 가정부로 전락해 여성, 주부수업을 받고, 마침내 왕자한테 구원을 받았을 때는 유리관에 담긴 시체에 불과했다. 유리관의 공주는 시사하는 바가 크다. 여성이 남성 중심 사회에서 생존하기 위해서는, 인간적이고 인격적인 속성이 완전히 제거된 채 유리관 속에 가장 수동적인 모습으로 누워 있을 때 가장 유리하다. 그림 그대로 '바비 인형'이자 남성에게 군말, 잔소리를 안 하

는 미인의 전형이기 때문이다. 이렇듯 여성이 인간에서 전리품이 자 부상으로 바뀌었을 때 비로소 구원자가 나타난다.

Scene 3: 거울아 거울아, 누가 제일 예쁘니?

설명: 남성 중심 세계에서 여성이 스토리를 만들려면 남성 주도의 여성 이미지 속으로 들어가야 한다. 남성의 거울을 통하지 않으면 여성은 자신을 드러낼 수조차 없다는 뜻이다. 거울은 여성의 (의식적/무의식적) 자아이기도 하나 그 자아를 규정하는 것은 분명 '남성의 목소리'다. 여성들은 남성의 목소리를 내면화해 자신을 규정하는 척도로 삼는다. 남성의 목소리 없이는 자신을 표현할 수 없다는 뜻이기도 하다. 그 점에서는 공주도 마녀도 다르지 않다.

Scene 4: 마녀는 공주를 살해하기 위해 세 가지 선물을 한다. 코르셋끈, 빗, 사과.

설명: 코르셋끈, 빗, 사과 선물은 모두 여성성을 강조한다. 즉, 남성에게 잘 보이기 위한 장치들이라는 뜻이다. 자신의 남성 순종적 성향을 부정하고 부인하기 위해서라도 선물을 거부해야 하지만 백설공주는 그럴 의도도 의지도 없다. 그리고 그렇게 선물을 받을 때마다 조금씩 '인간으로서' 죽어간다.

사과는 성(sex)의 상징이다. 따라서 남성이 여성을 지배하고 굴복시키는 가장 강력한 무기가 된다. 공주는 사과를 받아먹은 후 인격적 존재로서 완전히 죽어 전리품이 되며 그로써 남성에게 완전히 예속된다. (선악과는 지혜의 나무다. 에덴동산은 동심의 우화이기에, 세상을 알고 성에 눈뜨는 순간 아담과 이브는 에덴동산에서 쫓겨날 수밖에 없다. 타락의 대가로 신이 가한 징계가 아담은 노동, 이브는 출산이라는 사실이 그 증거다.)

Scene 5: 궁전 복귀와 왕자와 공주의 결혼

설명: 마침내 공주는 왕자에게 '간택'되어 궁전으로 돌아간다. 이는 죽음을 통한 부활이라는 점에서 예수의 생애와 초목신화(vegetation myth)를 반복하지만, 전 과정이 남성 주도라는 점에서 부활로 강화하는 것은 오로지 남성 중심 시스템뿐이다. 이제 백설공주는 다시 궁전으로 돌아와 전 과정을 복기할 것이다. 탑에 갇혀 물레를 돌리고 순백 같은 딸을 낳고 딸에게 여자의 길을 가르쳐준다. 백설공주는 딸에게 어떤 얘기를 할까? 이미 남성 세계의 위대함/견고함을 경험한 이후에? 모르긴 몰라도 이런 얘기가 될 것이다. "너, 남자들한테 잘 보여야 한다. (엄마의 계모처럼) 까불다가는 크게 다쳐."

샌드라 길버트와 수전 구바에게 『백설공주』는 '권선징악'이야기가 아니다. 그보다는 남성 중심 사회를 확대 재생산하기 위해 여성들을 교화하는 교과서이자 지침서에 가깝다. 이런 식의 해석이 마음에 들지 않을 수도 있고 여기저기 반박할 여지도 많을 것이다. 나 또한 20여 년 전 기억을 더듬어 기록했으니 오죽하겠느냐마는, 사실 그마저도 상관은 없다. 『백설공주』 이야기를 굳이 소환해낸 이유가 텍스트를 색다르게 해석했기 때문이 아니라 '텍스트를 대하는 태도, 자세'를 얘기하고 싶어서이기 때문이다.

내가 이해하기에, 포스트모더니즘은 과거 남성/서양/백인 등의 중심 세력에 배제되고 억압된 목소리를 되살리고 읽어내는 운동이다. 해체주의가 그렇고 신역사주의가 그렇고 페미니즘이 그렇다. 사조 담당자들은 하나같이 저자(author)가 아니라 저자 목소리에 묻힌 여백, 침묵의 목소리를 추적한다. 권위(authority: 지배/서양/남성)의 목소리뿐 아니라 권위가 없는(권위를 강탈당한) 사람들(피지배/동양/여성)의 목소리까지 더해야 세상의 목소리가 아닌가. 내가 알고 기억하는 포스트모더니즘의 핵심은 그렇다. 목소리/기호에서 침묵을 읽어내고, 여백/무의식에서 의미를 찾아내려는 노력과 자세……. "여백을 번역하라"는 개념은 바로 그곳에서 출발한다.

여백을 번역하라

몇 년 전 영화 번역가 H가 내 수업을 듣고 싶다고 찾아온 적이 있다. 영화 번역계에서도 한창 주가를 올리고 있었지만 얘기를 나눠보니 번역을 보는 눈도 탄탄했다. 그가 수강을 결정한 이유는 특별히 뭔가를 배우고 싶어서가 아니라 번역을 대하는 자신의 방법과 태도가 올바른지 확인받고 싶어서였다. 요컨대 자신의 (막연한) 번역관을 '타인의 입과 언어'로 듣고 싶었던 것이다. 강의를 수료한 뒤 그도 흡족하다며 소회를 밝혔지만 그가 모르는 얘기가 하나 있다. 나 역시 지금 방식으로 작업하기까지 그를 비롯해 영화 번역에 빚진 바가 적지 않다는 사실이다. 예를 들면 이런 식의 번역들이다.

He could wait.
목마르다고 우물 파겠어?

It's a criminal.
그런 법이 어딨어!

You look like shit.
꼴이 말이 아니네.

Faster.

더 밟아.

Are you sure about this?

이게 잘하는 걸까?

Do I know you?

누구시더라?

And I was there.

그것도 바로 내 눈 앞에서.

영화 자막답게 짧고 신선한 표현들이다. 지금은 어느 영화인
지 기억도 나지 않지만 내가 인상적이라고 느꼈던 점은 텍스트
의 기호를 거의 사용하지 않고도 모두/일부 사용할 때보다 스크
린 상황을 더 정확하게 묘사했다는 사실이다. 실제로 이런 번역
은 기호보다 영화의 문맥이 우선했기에 가능했을 것이다. 즉 기
호보다 그 기호를 둘러싼 이런저런 상황이 번역의 핵심이라는 뜻
이다. 영화는 영상이 먼저 존재하고, 출판 텍스트는 기호뿐이라
지만 내 생각은 다르다. 텍스트에도 문법이 있고 문맥이 있고 상
황이 있다.

오래전 번역가 L이 페이스북에 다음과 같은 문장을 적고 어

떻게 번역하면 좋을지 물은 적이 있다.

"Nobody's killing anybody."

내 기억으로는 당시 아무도 적절한 우리말을 내놓지 못했다. "아무도 누구를 죽이지 않는다?" "그 누구도 어떤 사람을 안 죽인다?" 어떻게 바꾸어도 신통치 않았다. 여러분 생각은 어떤가? 우리말로 쉽게 번역이 가능한가?

이런 문장은 글 자체가 아니라 상황을 먼저 염두에 두어야 이해가 가능하다. 즉, 위 문장이 어떤 상황에서 나왔을지 먼저 생각해야 한다는 뜻이다. 예를 들어, 어느 공포영화의 대화일 수도 있다. 두 사람이 귀신 집에 들어간다. 앞사람은 대담한 사람이고 뒷사람은 겁쟁이다. 그런데 뒷사람이 겁에 질려 구시렁거린다. "이봐, 누가 오면 어떻게 해? 그냥 나가자. 안에서 무슨 소리가 들리는 것 같지 않아?" 그러자 앞사람이 돌아보며 짜증 섞인 목소리로 한마디 한다.

"Hey, nobody's killing anybody!"

다시 말해서 "야, 너 건드릴 사람 아무도 없어" 정도의 뜻이다. 기호를 따르니 답이 나오지 않았으나 기호에서 멀어지면서 오히려 글다운 글이 보인다. 번역은 그런 것이다. 기호가 아니라 기호가 속한 상황을 함께 볼 수 있어야 올바른 번역이 가능하다.

여러 번 얘기했지만 다시 한번 적어본다. "번역은 기술이다"라고 할 때 이는 몇 가지 전제를 암시한다. 첫째, 기술은 가르치고 또 배울 수 있어야 한다. 둘째, 번역이 기술인 한 당연히 표준이 있어야 한다. 그래야 가르치고 배운다. 셋째, 기술은 시대 흐름에 맞아야 한다. 21세기 포스트모더니즘 시대를 살면서 18, 19세기 고전주의 기준에 맞춰 번역할 수는 없지 않은가. 번역가들 사이에 자주 거론되지만 내가 인정하지 못하는 명제가 몇 가지 있다. "번역은 반역이다." "번역은 제2의 창작이다." "작가의 의도를 살려서 번역해야 한다" 등이 그렇다. 앞의 두 명제는 번역가의 텍스트 개입을 정당화하고, 마지막은 물론 직역, 번역 투를 옹호하는 내용이다. 먼저, 번역이 기술인 한 절대 창작이 될 수 없다. 창작이 작가 개인의 독창성에 방점이 있다면 번역은 이미 정해진 기준, 표준이 우선이기 때문이다. 창작이 창의력에 방점이 있다면 번역은 그 반대로 기술을 배우고 훈련하고 적절히 활용할 수 있느냐는 문제다.

포스트모더니즘은 텍스트의 의도가 아니라 무의식을 통해 텍스트를 해석하려 한다. 드러난 의도보다 억눌린 침묵을 분석 도구로 삼는다. 기호가 곧 의미라는 고전주의적 사고방식에서 벗어나 이제는 기호에서 배제된 침묵, 여백 속에서 의미를 찾으려 한다. 물론 '번역(translation)'이 '해석(interpretation)'과 같을 수는 없으나…… 우리는 정말 기호를 번역하는 걸까? 어쩌면 기호

이전의 상황, 즉 의미를 번역하는 것이 아닐까? 그렇다면 기호가 아니라 '해석'을 번역한다는 뜻이 될 수도 있다.

'좋은 번역', '올바른 번역'은 우선 번역을 대하는 태도에서 출발한다. 기호가 곧 의미라고 생각하는 한 아무리 외국어에 능통하고 우리말을 잘 다룬다 해도 결과물은 번역 투의 바다일 수밖에 없다. 지금껏 의미는 기호+문법 시스템이라고 여러 차례 강조했지만, 문법 시스템은 여백의 가장 기본단위에 해당한다. 여백은 좀더 상대적이고 포괄적인 개념이며, '기호가 의미가 되기 위해 필요한 상황 일반'을 뜻한다. 기호를 둘러싼 여백에는 텍스트의 배경, 번역 상황, 번역가의 성격과 능력에 따라 무엇이든 포함할 수 있다. 문법 시스템을 비롯해 원작이 속하는 배경 일반, 번역서가 속하는 문화, 번역어의 언어습관, 역사, 사회……. 좋은 번역, 올바른 번역이 번역을 대하는 태도에서 출발한다고 할 때 그 의미는 번역해야 할 대상을 눈에 보이는 기호로만 여기지 말고 그 기호가 의미가 되기 위한 상황을 동시에, 한꺼번에 인식하라는 뜻이다. 바로 텍스트를 대하는 자세다. 다음 문장을 보자.

To understand is to forgive.

비록 간단한 문장이지만 번역을 어떻게 대하느냐에 따라 세 가지 차원으로 나뉠 수 있다. 첫째, 초보들이 흔히 저지르는 실수로 기호만 우리말로 옮겨 번역 투를 만들어낸다.

이해하는 것이 용서하는 것이다.

계속 강조했듯이 이 번역은 기호는 우리말, 문법 시스템은 영어를 따르기에 죽은 언어라 하겠다. 즉 기호만 물리적으로 대체한 경우다. 유감스럽지만 이런 식의 번역은 어디에서나 볼 수 있다. 그다음은 기호와 문법 시스템을 동시에 옮긴 경우다.

이해해야 용서도 한다.

의미 왜곡도 없고 번역 투에서도 자유롭다. 이 번역은 "번역은 기술이다"의 전제에 충실한 경우로, 사실 이렇게만 해도 훌륭한 번역가라고 업어주고 싶다. 하지만 한 단계 더 나아가 여백의 의미를 문법 시스템 이상으로 넓혀보자. 우리도 실제로 저런 식으로 말할까? 우리말 습관에 잘 어울리나? 아니면 저 문장보다 더 적절한 표현은 없을까? 요컨대, 번역에 필요한 상황, 즉 '여백'을 종합적으로 검토한다는 뜻이다. 나 같으면 다음과 같이 번역하리라.

이해 없이 용서도 없다.

선택 여부는 있겠지만 내가 보기엔 우리 입말에 더 가깝다. 따라서 더 자연스럽다. 여러분 생각은 어떤가? 여백은 바로 그런 의미다. 번역은 단순히 기호를 옮기는 작업이 아니다. 기호와 멀어지면 의미와 가까워질 수 있다.

다음 예를 보고 여백의 의미를 다시 한번 생각해보자.

I didn't do too well in the written exam coz they had trick questions.
필기시험은 잘못 봤어요. 문제가 꽤 까다로웠거든요.

좋은 번역이다. 이 정도만 번역한다고 해도 나무랄 데는 없다. 기호와 문법체계가 일치하고 우리 입말에도 충분히 감칠맛이 난다. 하지만 'because'를 슬랭인 'coz'로 쓰고 'the written exam'을 복수대명사 'they'로 받았다는 점을 여백으로 설정해보자. 다시 말해서 화자가 껄렁껄렁한 비행청소년이라고 가정하자는 뜻이다. 그렇다면 번역은 아래와 같이 조금 더 현실에 가까워질 수 있다.

필기시험이야 개판 쳤죠. 문제가 어찌나 지랄 맞던지.

즉, 보이스를 여백으로 감안한 번역이다. 비슷한 예문을 하나 더 보자. 이번에도 기호에 얽매이지 말고 조금 더 넓은 관점에서 번역을 생각해보자.

"Come inside, and we'll talk about it."

"No, you come out."

Nice try, but this is going to be on my terms.

"안으로 들어와. 그 문제를 얘기해보자."

"아니, 네가 나와."

제법인데? 하지만 이건 내 조건대로 이루어질 거야.

역시 좋은 번역이다. 일단 기호와 문법체계가 일치한다. 다만 영어 표현을 그대로 옮긴 터라 마지막 문장이 어딘가 딱딱하고 정형적이다. 여기에 우리말 습관을 여백으로 더해보자.

"안으로 들어와서 얘기하자."

"아니, 네가 나와."

오, 어디 한 번 해보시겠다? 그래 봐야 칼자루는 내가 잡고 있다.

"여백을 번역하라"는 단순한 기술이라기보다는 번역가가 텍스트를 대하는 자세/태도와 관계가 있다. 나무만 보지 말고 숲을 보라고 했던가? 이 장의 '번역 예'는 사실 답이 없다. 여러분 스스로 태도를 정하고 상상력을 발휘해 답을 만들어내야 한다. 우선 자세를 가다듬고 텍스트에서 조금 떨어져서 심호흡도 한 번 한 다음 번역을 해보자. 그런 다음 여러분 번역을 비교해보고 그 차이와 간극에서 뭔가 느낄 수 있기를 바란다. 건투를 빈다.

번역 사례

Your hair looks different.

머리했니?

* 이런 질문은 대개 여성들이 한다.

Have I spoken out of turn?

제 얘기가 뜬금이 없습니까?

He had no memory for faces.

그는 사람을 잘 알아보지 못했다.

A genius doesn't tend to see the world the same way we do.

천재는 종종 우리와 다른 방식으로 세상을 본다.

* 때로는 부정을 긍정으로, 긍정을 부정으로 해야 우리 입말에 맞는다.

Joe Kennedy is a man you can reason with.

조 케네디라면 얘기가 통할 거야.

But what would you get but a few buildings?

기껏 건물 몇 채밖에 더 얻겠어?

"How come you park in a driveway and drive on a parkway?" Bubba yawned into his fist, lookout the window.

"I have no idea."

"어떻게 문 닫고 들어오고 꼼짝 말고 손을 드냐?" 부바가 주먹에 대고 하품을 하며 창밖을 내다보았다.

"나도 몰라."

* 농담은 농담으로, 말장난은 말장난으로 번역해야 한다. 이 경우는 'parkway'와 'driveway'의 뜻을 이용해 말장난을 했으므로 번역에서도 말장난을 보여주어야 한다.

He stood against the padded wall of the darkroom.

그는 암실 차광벽에 기대섰다.

* 대개 단어를 그대로 해석하려 하나 전체 의미를 따져 적당한 표현을 찾자.

They understood what it felt like to have less than nothing inside you.

그들은 가슴에 커다란 구멍을 안고 살아가는 기분이 어떤지 잘 알고 있었다.

He was starting to enjoy killing more than he should.

이제는 비정상적으로 살상을 즐기기 시작했다.

As I was saying before you interrupted me, The word is
Bobby's going to put him in front of the newly revived
McClellan Committee, like in September or something.
자네 때문에 말이 끊겼네만, 소문을 듣자 하니 바비가 그를
새로 출범하는 위원회에 세울 것 같아. 9월쯤이라던데…….

I'd appreciate it if you told me exactly what you want me to do.
이왕이면 내가 어떻게 해야 할지 구체적으로 말씀해주시죠.

A line of shedding trees ran through it.
그 한가운데로 나무가 줄지어 서서 이파리를 떨구고 있었다.

And you're going at this like you think we can trust each
other.
그래서 이 일을 할 만큼 우리가 서로 믿는다고 생각합니까?

I think direct action is needed, and with so many factions
working at cross-purposes, this will be hard to accomplish.
내가 보기엔 충격요법이 필요해. 이렇게 파벌싸움에 이해관
계까지 얽히면 성공은 요원할 수밖에 없어.

He's at his family's Texas ranch, in the care of a wife who <u>left him years before</u>.

지금은 텍사스의 가족 목장에서 몇 년 만에 재회한 아내의 보살핌을 받고 있다.

* 떠난 사람은 돌볼 수 없다. 여기서 'left'는 오히려 다시 돌아왔다는 의미로 받아들여야 한다.

보이스를 살려라

사람마다 목소리가 다르듯 어느 책이나 나름대로 특유의 보이스(voice)가 있다. 예를 들어, 인문과학 서적에는 인문과학 나름의 보이스가 있고 범죄소설에는 범죄소설에 어울리는 특유의 보이스가 있다. 범죄소설에서 무자비한 조폭 조직원이 상대를 위협하면서 "자네, 계속 입을 다물고 있으면 내가 손 좀 봐줄까 하네"라고 한다면 차라리 코미디를 읽는 기분이리라. 당연히 "오라, 이 씹새, 계속 아닥하겠다 이거지? 그래, 오늘 내 손으로 아작내 주마" 정도가 조폭들에게 더 걸맞은 목소리다. 분위기에 어울리지 않는 목소리, 즉 어긋난 보이스만큼 글 읽는 재미를 깨뜨리는 요인도 없다.

내가 장르소설 분야에서 살아남은 까닭도 돌이켜보면 장르소설 특유의 보이스를 살리려 노력했기 때문이 아닌가 싶다. 아직 장르번역문학이 자리 잡기 전이라 번역은 주로 이제 막 번역을 시작하는 초보들 손에 넘어가고(지금도 그렇지만 일반소설에 비해 번역료도 박하다. 장르소설 번역이 일반소설 번역보다 쉽다는 생각은 도대체 어디에서 나왔을까?) 독자들도 번역 품질을 크게 신경 쓰지 않는 분위기였다. 장르소설은 그냥 대충 읽고 집어던지면 그만이라고 여겼기 때문이리라. 그 대표적인 예가 '해리포터 시리즈', 『다빈치 코드』 『얼음과 불의 노래』쯤 될 것이다. 『얼음과 불의 노래』는 이른바 발번역의 제왕이라는 영예를 얻었고 『다빈치 코드』

는 독자들 원성에 못 이겨 2008년 재번역했다. 출판사의 그런 인식은 곧바로 독자들의 피해로 이어진다.

소설은 인문사회과학 분야와 달리 글뜻보다 글맛과 글멋이 더 중요하다. 즉 읽는 재미가 있어야 한다는 얘기다. 특히 장르소설은 특유의 긴장감을 유지해야 하므로 장문보다는 단문과 간결한 표현에 의존해야 한다. '해리포터' 번역을 예로 들어보자.

When Mr. and Mrs. Dursley woke up on the dull, gray Tuesday
— our story starts, there was nothing about the cloudy sky
outside to suggest that strange and mysterious things would
soon be happening all over the country.

하늘에 구름이 잔뜩 끼었다고 세상에 금방 기이하고 신비스러운 일이 일어나는 것은 아니지만, 더즐리 부부가 잠에서 깨어난 그 우중충하고 흐린 화요일에 우리의 이야기는 시작된다.

–『해리포터와 마법사의 돌』

'해리포터' 1편의 도입부다. 뭔가 공포 분위기를 조성해야 하는데 문장이 늘어지는 바람에 교과서를 읽는 듯 밋밋하기만 하다. 김욱동 교수는 『번역의 미로』에서 해리포터의 오역을 지적하며 다시 번역 예를 내놓았지만, 역시 장르소설 특유의 보이스를 살리는 문제는 생각하지 못한 듯하다. 오히려 문장은 더 늘어지고 쉼표도 없어 읽는 것만으로도 벅차다.

우리 이야기가 시작되는 우중충하고 흐린 화요일에 더즐리 부부가 잠에서 깨어났을 때 바깥의 구름 낀 하늘에는 이제 곧 온 세상에 기이하고 신비스러운 일이 일어날 것임을 암시하는 것이라고는 아무것도 없었다.　　　　　　　　　　　　　　　　—『번역의 미로』

나한테 번역하라고 한다면 이렇게 했을 것 같다.

잿빛의 암울한 화요일, 더즐리 부부가 깨었을 때 이야기는 시작된다. 밖은 잔뜩 흐렸지만, 그렇다고 이제 곧 기이하고 기묘한 일들이 온 나라를 덮치리라는 암시는 어디에도 없었다.

보이스는 이보다 훨씬 폭넓고 복잡한 개념이다. '잘했다'는 얘기도 말투에 따라서 칭찬으로 들릴 수도 있고 비아냥이 될 수도 있다. 즉, 보이스는 번역서의 전반적 분위기를 결정하기도 하지만 단어 하나하나, 표현 하나하나를 선택하는 기준이 되기도 한다. 같은 의미라 해도 책의 성격에 따라 원하는 단어가 다르기 때문이다. 수강생들이 주로 실수하는 것도 바로 이 점이다.

나이 든 여족장들의 모습이 바로 그것이다. 이렇게 고대인류들도 사랑하고, 즐기고, 깊은 우정을 쌓고 지위와 권력을 위해 경쟁했지만 이는 침팬지와 개코원숭이, 코끼리도 마찬가지였다. 인류가 특별한 것이 아니었다. 아무도, 전 인류 중 그 누구도, 전혀 눈치채지 못했다. 언젠가 그들의 후손이 달에 착륙하고 원자를 분열시키고 유전 암호를 해석해내고 역사책을 쓸 것이라고 말이다. 선사시대의 인류를 이해하는 가장 중요한 점은 인류가 보잘것없는 동물이었다는 사실 (보이스 체크) 이다. 심지어 고릴라나 개똥벌레, 또는 해파리보다도 환경에 영향을 끼치지 못했다.

인류학 서적이건만 '말이다'와 같이 구어체에서 쓰는 말투를 사용했다.

(다수의) 플로리다 주민들이 치솟은 가격에 분노했다. "유에스에이 투데이,에는 "폭풍이 지나자 독수리가 온다." 라는 기사가 실렸다. 한 주민의 그의 지붕에서 쓰러진 나무를 제거하려면 10,500 달러가 들 것이며, "다른 사람의 고난과 불행을 이용해 돈을 벌려는" 사람들이 잘못됐다고 비난했다.

'After Storm Come the Vultures'의 번역인데 신문 헤드라인으로 잡기엔 '폭풍이 지나자 독수리가 온다'가 약하다. 무엇보다 독수리가 우리글에서 약탈을 뜻하는지도 모호하다. 이런 경우는 '폭풍우 지나자 아귀 떼' 정도가 좋을 법하다. 헤드라인에도 헤드라인에 맞는 보이스가 있다.

리듬감과 흐름, 소리, 문장 하나하나가 최고다. 마크 트웨인의 문체도 물론 환상적이지만 좀 밋밋한 감이 있다. (어쩔 수 없다. 그때의 나는 고작 열두 살이었고, 밋밋한 건 싫었다. 한참 놀랍고 경이로운 거 좋아할 나이였다.) 그리고 포의 작품에서는 눈에는 잘 띄지 않으나 나한테만큼은 울림을 주는 두 가지를 찾아냈다. 하나는 삶의 필연성이고, 다른 하나는 인간이 무엇을 의도하고 행동하는 과정에서 드러나는 본성의 어리석음이다.

괄호 안 문장은 열두 살 아이의 보이스다. 좀 더 아이스럽게 표현할 필요가 있다. "열두 살배기가 섬세하면 얼마나 섬세하겠는가. 나야 그저 줄거리만 화끈하면 장땡이었다"식으로 보이스를 살려주어야 한다.

강의를 하면서 수강생들에게 특히 두 가지 보이스에 유의하라고 강조한다.

- 각 분야(소설, 에세이, 과학서 등)는 특유의 보이스가 있다.
- 같은 텍스트에서 보이스를 일정하게 유지하라.

오래전 출판사 게시판의 내 번역서 관련 글에서 이런 표현을 보았다. "세상에, 번역소설에서 '일 없다'라는 표현을 보게 될 줄은 몰랐다." 기억이 나지 않아 해당 소설을 찾아봤더니 원문은 'I don't need it'으로 되어 있었다. 내용인즉슨 늙은 아버지가 아들한테 삐져서 식사라도 같이 하자는 청을 거절하는 장면이었는데, 요는 나이 든 사람의 심통을 잘 드러냈다는 얘기다. 그러고 보니 '필요없다'보다는 '보이스'를 잘 살렸다는 생각도 든다.

『가라, 아이야 가라』를 번역할 때도 주인공 형사의 성격을 강조하기 위해 제나로를 부를 때마다 "제나로 양아, 제나로 양아" 하는 식으로 차별을 두기도 했다. 특히 소설 번역은 보이스의 비중이 크기에 번역가에게도 소설가 못지않게 문학적 감수성과 표현력이 필요하다. 몇 해 전 신입 편집자가 번역원고에 크게 손을 댄 탓에 한바탕 소동이 있었다. 편집자야 당연히 번역원고에 손을 대야겠지만 원고를 훼손할 경우에는 문제가 크다. 일단 망가진 원고를 돌이킬 방법이 없기 때문이다. 당시에도 주로 보이스가 문제였다. 소설원고의 경우 역자를 믿고 일부 교정·교열에 신경을 쓰든지, 행여 깊이 개입할 경우 전체적으로 책임을 져야 하는데, 편집자가 의욕이 앞선 탓에 그만 저자, 역자의 보이스에 편집자의 보이스까지 겹쳐 도무지 책을 읽을 수 없었다. 비소설을 주로 다루던 친구라 문학작품을 어떻게 대해야 할지 경험이 없었던 게 탈이었다. 결국 역자 교정을 보며 전화와 이메일이 수십 통 오가고, 편집장까지 개입해 겨우 무마했지만 번역가뿐 아니라 편집자한테도 역시 문학의 이해가 필요하다는 사실을 절감해야 했다. 보이스는 그만큼 중요한 문제다.

초고에서 초교까지

번역서 출판은 무척 길고 고되고 섬세한 작업이다. 번역가가 사전 독서와 번역 그리고 몇 차례 초교 과정(번역가에 따라 다르다)을 거쳐 출판사에 넘기면 출판사에서도 3~5회 교정을 보고 다시 번역가에게 역자 교정을 부탁한다. 그리고 역자가 역자 교정을 넘긴 뒤에도 마무리 교정을 마친 다음에야 인쇄소에 넘어가기 때문이다. 물론 역서의 품질에 따라 출판사 편집자들이 담당해야 할 작업도 천차만별일 텐데, 당연한 얘기지만 역자로서는 편집자들의 수고를 최대한 덜어줄 수 있도록 해야 한다. 그래야 그다음 번역 의뢰가 가능하다.

번역가들의 작업방식도 물론 차이가 있다. 초고는 대충 작업하고 교정에 집중하는 부류도 있고, 초고부터 거의 완성작에 가까울 정도로 공을 들이는 경우도 있다. 확인해보지는 않았지만 아마도 후자가 훨씬 더 많을 것이다. 적어도 나는 후자에 속한다.

초고에 불성실할 경우, 교정 작업을 할 때 단어 확인과 원문 대조 등에 신경 쓰느라 전체 흐름을 놓칠 수 있다. 번역가 K는 리듬을 위해 단어 숫자까지 꼼꼼히 챙긴다지 않는가. 특히 문학작품은 글뜻, 글멋을 넘어 글맛, 즉 읽는 맛도 중요하기에 교정 작업은 적어도 한 번은 원문을 덮고 번역 자체의 흐름과 리듬을 확인할 필요가 있다.

　다음의 대조문장들은 이렇게 교정을 봐야 한다가 아니라 이 정도로 섬세한 작업임을 보여주기 위해 인용한다. 예전 번역서라서 다소 어색한 표현도 눈에 띄지만 양쪽을 비교하면서 교정 작업이 얼마나 섬세하고 정교한 과정인지 느꼈으면 좋겠다. 물론 내 경우 얘기다. 서로 개성이 다르니 교정 방식도 다를 수 있다.

초고	초고
그리고 이제 늙고 달라진 독일에 있다고는 해도 그는 마치 과거의 거친 세계로 돌아온 기분이었다. 워터캠프의 누군가 경찰한테 전화했는지는 모르겠지만 그는 이미 기정사실로 받아들였다. 배가 열리고 비밀은 밝혀졌다. 눈길을 돌렸던 자들이 이제 훌륭한 시민들이 되어 앞장서려 들 것이다. 그 역시 과거에 경험했던 사실들이다.	이제 그도 늙고 독일도 달라졌지만 흡사 과거의 거친 세계로 돌아온 기분이었다. 워터캠프에서 누가 나설지는 몰라도 틀림없이 경찰에 신고할 것이다. 배가 열리고 비밀은 밝혀졌다. 따라서 이제껏 눈길을 돌렸던 자들도 훌륭한 시민들로 돌변해 서로 앞장서려 들 것이다. 그 역시 과거에 경험했던 사실들이다.
"우린 명찰을 달지 않아. 신생아들이 자꾸 쥐어뜯으려 해서. 어쨌든 기억난다. 같이 수학 수업을 들었지, 응?"	"여기는 명찰을 달지 않아. 신생아들이 자꾸 쥐어뜯으려 해서. 아무튼 기억난다. 같이 수학 수업을 들었지, 응?"
그는 모자도 쓰지 않고 재킷처럼 포장가방에 그대로 넣고 다녔다.	모자는 쓰지 않고 재킷과 마찬가지로 포장가방에 그대로 넣고 다녔다.
부화장 식당이었는데 여섯 명이 같은 테이블에 앉아 있었다. 애초에 자기 자리라는 개념은 없었다.	부화장 식당 테이블엔 여섯 명이 앉아 있었는데 애초에 자기 자리라는 개념은 없었다.

초고	초교
"오, 소피아! 정말 부지런한 직원이에요. 어디 보자…… 예, 여기 있네요. 지금 부를 수 있는지 <u>확인해볼게요</u>."	"오, 소피아! 정말 부지런한 직원이랍니다. 어디 보자…… 예, 여기 있네요. 지금 부를 수 있는지 <u>확인해보죠</u>."
접수원은 인터콤으로 호출을 <u>했고</u> 소피아는 복도 문을 통해 안으로 들어왔다. 거의 3년 전, 열두 살 때 이후로 <u>그다지</u> 변하지도 않았다. <u>그녀는</u> 날씬했으며 머리는 뒤로 묶고 모자를 썼다.	접수원은 인터콤으로 <u>호출을 했다. 잠시 후</u> 소피아가 복도 문을 거쳐 안으로 들어왔다. 거의 3년 전, 열두 살 때 이후로 <u>별로</u> 변하지 않은 외모였다. <u>여전히</u> 날씬했으며 머리는 뒤로 묶고 모자를 썼다.
스마일리는 다른 <u>생각들을</u> 모두 뒷전으로 밀쳐놓고 차분히 다음 수를 챙겨보았다.	스마일리는 다른 <u>생각을</u> 모두 뒷전으로 밀쳐놓고 차분히 다음 수를 챙겨보았다.
"<u>그럼 누구지?</u> 어느 귀한 손님이 갑자기 찾아오신 걸까?" <u>그녀는</u> 가벼운 목소리로 <u>계속 물었다</u>. 정말로 자기 애완견<u>에게 묻는 것처럼 보였다</u>.	"<u>누구지?</u> 어느 귀한 손님이 갑자기 찾아오신 걸까?" <u>그녀가</u> 가벼운 목소리로 <u>물었다</u>. 정말로 자기 애완견<u>을 대하는 듯한 말투였다</u>.

에필로그

아침에 냉이된장찌개를 끓였다. 계란찜을 하고 두부도 조금 구웠다.

아내는 내가 차려주는 밥상을 좋아한다. 늘 아내 입맛에 맞춰주려 하니 그럴 수밖에. 봄이면 우리 집 밥상은 봄 향기가 가득하다. 농막 주변 산과 들에 나물이 지천인 덕이다. 쑥, 냉이, 전호, 달래, 영아자, 두릅…….

아내가 출근하고 아이들이 학교 가고 나면 비로소 내 시간이 시작된다. 예전에는 새벽 3시면 일어났는데 요즘에는 자는 시간이 불규칙해진 탓에 알람 맞추기가 어렵다. 아니, 근본적으로 더 게을러졌다.

요즘 번역하는 책은 심리학 분야. 과거에는 고집스럽게 소설만 받았건만 요즘엔 오히려 이런 산문 쪽에 시선이 간다. 나이가 들어서일까? 감수성이 말라서? 작업 시간도 속도도 예전 같지 않다. 다섯 시쯤이면 작업을 마치고 저녁식사를 준비하기도 하지만 그보다는 역시 나이 탓이 크겠다.

번역보다 텃밭에 관심이 더 가는 것도 문제다. 이번 토요일에도 아내와 함께 가평 텃밭에 갈 것이다.

감자는 지난주에 심었지만 다른 작물은 아직 때가 되지 않아 요즘엔 고작 산나물 채취와 주변 잡초 정리 정도가 할 일이다. 어쩌면 개다래순이 올라왔을지도 모르겠다. 올해는 말려서 묵나물을 잔뜩 만들어놓아야겠다.

개다래순이 미숙하다면 따뜻한 봄볕 아래서 두어 시간 번역하다 오는 것도 괜찮고…….

부록

첨삭 사례

　몇 가지 설명, 몇 가지 예로 번역 현장에서 있을 법한 상황을 모두 얘기할 수는 없다. 그보다 중요한 얘기는 주로 학생들의 과제를 첨삭하면서 비로소 가능해진다. 열이면 열, 글을 보는 눈이 다르고 글버릇도 제각각이기 때문이다. 여기에는 지난 7년 동안 학생들 과제를 첨삭하면서 일어났던 일들을 일부 사례와 함께 수록했다. 지금까지 했던 얘기를 확인하는 과정일 수도 있으며, 미처 다루지 못했던 이런저런 상황을 새롭게 건드리기도 했다.

　번역은 무척 복잡한 작업이다. 가능한 한 모든 규칙과 변수를 고려하면서 번역해야 하기 때문이다. 이 장을 보며 자신의 말버릇도 되짚어보고 과연 번역작업이 어떤 것인지도 새삼 느껴보기 바란다. 수강생 번역을 읽기 전에 뒤쪽의 '영문 텍스트'를 먼저 번역해보고 수강생 번역과 해설을 참조한다면 번역 과정에서 자주 하는 실수를 또렷이 확인할 수 있다.

수강생 ― 번역 1

튜즈데이의 아름다운 털은 우연히 생기지 않았다. 강렬한 인상을 주기 위해 계획적으로 세대에 걸쳐 (1) 교배된 결과다. 성격과 행동교정 훈련이 튜즈데이가 태어난 지 3일째부터. 3년이 아니라 3일째부터 시작됐다. (2) 빗질이 적어도 15분 이상씩 하루도 빼놓지 않고 되풀이되었고, (3) 2살이던 튜즈데이를 입양한 때부터는 (4) 나는 하루 두 번씩 꼬박꼬박 빗질을 한다. 산책에서 돌아오면 나는 매번 튜즈데이의 발바닥을 아기 물티슈로 닦는다. 또 적어도 일주일에 한 번은 튜즈데이의 귀를 청소하고 손톱을 손질해준다. 발가락 사이사이와 귀의 털이 조금 길다 싶으면 곧바로 깎아준다. 심지어 (5) 닭고기 맛이 나는 치약으로 매일 밤 이빨도 닦아준다. 어느 날 밤, 실수로 튜즈데이의 치약을 내 칫솔에 넉넉히 짜서 이빨을 닦다가 토할 뻔한 적이 있다. 몸서리나게 끔찍한 느낌이 모래와 섞인 버석버석한 사과를 먹은 기분이었다. 그런데 튜즈데이는 그 치약을 좋아한다. 내 무릎에 앉아 내가 털을 빗어주는 것도 좋아한다. 면봉을 (6) 7센티미터나 귀속으로 넣어 청소해주는 것도 좋아한다. 자기 치약을 볼 때면 입술을 뒤집어 이빨을 보여주며 닭고기 맛 모래를 기다린다.

해설

(1) '교배된'은 '교배한'으로, '시작됐다'는 '시작했다'로, '빗질이 ~ 되풀이되었고'보다는 '빗질을 ~ 되풀이했고'가 좌우 문맥상 잘 어울린다. 피동형 사용은 주의할 필요가 있다.

(2) '적어도'와 '이상씩'은 동의어 반복이다. '적어도 15분씩' 또는 '15분 이상'으로 바꿔야 한다.

(3) '두 살' 또는 '2세'가 맞다. 3시 25분은 세시 이십오분으로 읽기도 하지만 나이 표현은 읽는 대로 써줄 필요가 있다.

(4) 전체적으로 나는, 나는, 내, 내가…… 지시어, 주어 표현이 너무 많다. 최대한 생략할 방법을 고민해보자.

(5) '닭고기 맛이 나는' 식으로 문장형 수식을 만들 필요는 없다. 그저 '닭고기 맛' 정도가 무난하다. '모래와 섞인 버석버석한'도 관형 표현이 이중인 데다 '사과를 먹은'까지 겹쳐 전체적으로 가독성이 떨어지고 수식 대상도 모호하다. '버석버석한 모래 맛 사과' 정도로 고친다.

(6) 텍스트도 'three inches inside his ears'이기는 하지만 이 경우 구체적 수치가 오히려 전달하고자 하는 의도를 해칠 우려가 있다. 그냥 '귓속 깊이' 정도로 처리하는 편이 좋다. 정확성이 능사는 아니다.

That gorgeous coat is no accident. Tuesday has been bred for generations to impress. He has been trained for temperament and deportment since he was three days old. Not years, days. He has been groomed every day of his life for at least fifteen minutes, and twice every day since I adopted him at the age of two. Each time we return to my apartment, I clean his paws with baby wipes. I clean his ears and trim his nails at least once a week. I clip the hair from his footpads and around his ears as soon as I notice them getting long. I even brush his teeth with chicken-flavored toothpaste every night. One night, I accidentally grabbed Tuesday's toothpaste, popped a brushful in my mouth, and almost threw up. It was appalling, like eating mealy apples mixed with sand. But Tuesday loves it. He loves sitting on my lap while I groom him. He loves having Q-tips dipped down three inches inside his ears. Whenever he sees his toothbrush, his lips peel back and he shows me his teeth in anticipation of chicken-flavored sand.

번역 예

    화려한 털이 우연은 아니다. 튜즈데이는 미모를 목적으로 몇 세대를 이어온 개량종이다. 더욱이 생후 3일째부터 성격을 조절하고 행동을 절제하는 훈련도 받았다. 3년이 아니라 3일째다. 하루도 빠짐없이 적어도 15분 동안 몸단장을 했는데, 두 살에 입양한 뒤로는 횟수도 두 배로 늘었다. 집에 돌아올 때마다 물수건으로 발을 닦고 일주일에 한 번은 귀를 청소하고 발톱을 깎는다. 발바닥과 귀 주변의 털이 길다 싶으면 어김없이 깎아주고 심지어 매일 밤 이도 닦아준다. 치킨 맛 나는 치약…… 어느 날엔가 실수로 튜즈데이의 치약을 입에 넣고 토할 뻔한 적도 있다. 맛이 정말로 끔찍했다. 푸석푸석한 사과와 모래를 섞으면 그런 맛이 날까? 그래도 튜즈데이는 칫솔질을 좋아한다. 단장할 때 내 무릎에 앉는 것도 좋아하고 귀이개를 귓속 깊이 넣는 것도 좋아한다. 행여 칫솔을 집어 들기라도 하면 치킨 맛 모래를 기대하며 아예 입술을 말아 올리고 치아를 드러낸다.

2004년 여름 (1) 멕시코만을 강타한 허리케인 찰리는 플로리다부터 대서양까지 휩쓸었습니다. 찰리로 인해 (2) 22명의 사상자가 (3) 발생했고, 그 피해 규모는 110억 달러에 달했습니다. 또한 태풍 피해에 따른 바가지요금 논란도 이어졌습니다.

올랜도의 한 주유소에서는 2달러짜리 얼음을 10달러에 팔기도 했습니다. 8월 중순에 전력난으로 냉장고와 에어컨 가동이 어려워지자, 대다수 사람들은 어쩔 수 없이 비싼 요금을 지불해야만 했습니다. 나무가 쓰러지면서 전기톱 사용과 지붕 수리에 대한 수요가 늘었습니다. 업자들은 (4) 지붕에 쓰러진 나무 두 그루를 치워주는데 23,000달러를 요구했습니다. 평소 250달러에 판매되던 가정용 발전기의 가격은 2,000달러까지 치솟았습니다. 남편과 몸이 불편한 딸과 함께 대피하던 77살 할머니는 (5) 평소 숙박비가 40달러였던 모텔에서 160달러를 내고 묵어야 했습니다.

(1) 텍스트는 'Hurricane Charley roared out of the Gulf of Mexico'다. 유니트 순서대로 번역해서 문장형 수식을 피한다. '허리케인 찰리는 멕시코만을~'로 바꾸어야 한다. 이 문장에서 멕시코만과 대서양은 강타하거나 휩쓸 수 있는 대상이 아니므로 '멕시코만에서 일어나 플로리다를 휩쓸고 대서양으로 빠져나갔다'고 바꿔야 한다.

(2) '스물두 명' 또는 '22명'으로 바꾼다. '77살'도 '일흔일곱 살'이나 '77세'로 바꿔야 한다.

(3) 순접 연결사의 경우 시제는 현재로 한다.

(4) 가급적 문장형 수식을 피하자. 이 경우 '쓰러진'을 빼고 '지붕에서 나무 두 그루를' 정도로 해도 문제가 없다. '판매되던', '대피하던'도 모두 문장형 수식이다.

(5) 'charged $160 per night for a motel room / that normally goes for $40'는 유니트 순서대로 번역해야 글이 자연스럽지만 '문미초점' 문제까지 있어 더욱 주의해야 한다. 즉, '160달러'가 아니라 '40달러'에 방점이 있다는 뜻이다. 이 문장은 "모텔 숙박비로 매일 밤 160달러를 지불했으나 평소에는 불과 40달러였다"라고 해야 글맛이 산다.

In the summer of 2004, Hurricane Charley roared out of the Gulf of Mexico and swept across Florida to the Atlantic Ocean. The storm claimed twenty-two lives and caused $11 billion in damage. It also left in its wake a debate about price gouging. At a gas station in Orlando, they were selling two-dollar bags of ice for ten dollars. Lacking power for refrigerators or air-conditioning in the middle of August, many people had little choice but to pay up. Downed trees heightened demand for chain saws and roof repairs. Contractors offered to clear two trees off a homeowner's roof—for $23,000. Stores that normally sold small household generators for $250 were now asking $2,000. A seventy-seven-year-old woman fleeing the hurricane with her elderly husband and handicapped daughter was charged $160 per night for a motel room that normally goes for $40.

번역 예

2004년 여름, 멕시코만에서 허리케인 찰리가 발생해 플로리다를 휩쓸고 대서양으로 빠져나갔다. 폭풍으로 스물두 명이 목숨을 잃고 재산피해가 110억 달러 발생했으며 또한 휩쓸고 지난 자리마다 바가지 상혼 논쟁을 불러일으켰다.

올랜도의 주유소에서 2달러짜리 얼음 한 봉지를 10달러에 팔았으나 8월 중순에 냉장고와 에어컨의 전력까지 부족한 탓에 시민들은 울며 겨자 먹기로 돈을 냈다. 나무들이 쓰러지는 바람에 전기톱 수요와 지붕 수리 주문도 폭주했다. 도급업자들은 지붕에서 나무 두 그루를 치우는 데 23,000달러를 요구했으며, 공구상에서는 250달러짜리 소형발전기를 2,000달러에 내놓았다. 77세 여성은 노쇠한 남편, 장애인 딸과 함께 허리케인을 피했건만 모텔 숙박비로 매일 밤 160달러를 지불해야 했다. 정상가는 불과 40달러였다.

크리스트 법무장관이 (1) 가격폭등처벌법을 시행하고 있는 상황에서 일부 경제학자들은 이를 두고 법과 여론의 분노가 곡해되었다고 꼬집고 있다. (2) 중세 시대의 철학자들과 신학자들은 물물교환은 (3) "공정가"의 지배를 받으며, 재화의 가치는 관습이나 재화가 지닌 고유한 속성으로 결정된다고 믿었다. 그러나 시장경제체제에서 경제학자들이 관찰한 바에 따르면, 가격은 수요와 공급에 따라 정해지는 것이므로 "공정가"라는 개념은 존재하지 않는다.

자유 시장을 옹호하는 경제학자, 토마스 소웰(Thomas Sowell)은 가격폭등을 "감정적 측면에서는 강력하나, 경제적 측면에서는 무의미하기 때문에 경제학자들의 관심을 끌지 못한다. 가격급등이란 매우 불분명한 개념이기 때문에 고심할 여지가 없어 보인다."고 표현했다. 소웰은 (4) 탐파 트리뷴에 기고한 글에서 "'가격폭등'이 플로리다 사람에게 어떤 도움을 주는지" 설명하려 했다. (5) "사람들이 평소에 비해 가격이 심하게 올랐다고 생각하는 경우" 가격인상을 저지하기 위한 벌금이 늘어난다. 그러나 "당신이 당연히 여기는 가격의 수준"이란 도덕적인 관점에서 바라봤을 때, 고정불변의 절대 가격이라 할 수 없다. 시장경제체제에서 '특별'하거나 '공정한' 가격이란 더 이상 존재하지 않으며, 이번 허리케인으로 발생한 가격인상도 시장의 상황에 따른 결과일 따름이다.

해설

(1) 단어 선택은 정확해야 한다. 'the price-gouging'은 '원가와 상관없이 인위적으로 올리는 행위'로 일명 '바가지 씌우기'에 해당한다. 이 때문에 '가격폭등', '가격인상'이 아니라 '폭리'라고 해야 한다. '가격폭등처벌법'은 '폭리단속법' 정도가 좋다. 폭리는 처벌 대상이 아니라 규제 또는 단속 대상이다.

(2) 예를 들어, 'he believed that ~'을 '그는 ~라고 믿는다' 식으로 번역할 때 종속절이 길어지면 '그'와 '믿는다'의 간격이 멀어 가독성이 떨어지고 '관계있는 단어는 함께 쓴다'는 '인접법칙'에도 어긋난다. 이런 문장은 이따금 '그가 보기에', '그가 생각하기에', '그의 판단에 따르면' 식으로 다양하게 바꿔볼 필요가 있다. 이 문장은 "중세시대의 철학자들과 신학자들의 신념에 따르면, 물물교환은 '공정가'의 지배를 받으며, 재화의 가치는 관습이나 재화가 지닌 고유한 속성으로 결정된다" 정도로 바꿔도 훨씬 보기 좋다.

(3) 다시 단어 선택 문제다. 'just price'는 네이버 검색에 '공정가' 또는 '적정가'라고 나오지만, 이 글에서는 "원가·이윤 등을 감안하여 적당하다고 여겨지는 값"을 뜻하므로 '공정가'와는 완전히 다른 개념이다. 이는 뼈아픈 오류이므로 늘 조심해야 한다.

(4) 문장부호 얘기다. 영어에서는 장편소설·논문집·영화제목·신문사·등은 이탤릭체로, 단편소설·노래제목·논문 등은 겹따옴

표로 표기하지만 우리는 전자를 겹낫표, 후자를 홑낫표로 표기한다. 출판사마다 조금씩 차이가 있기는 하지만 어쨌든 표시해주어야 한다. 그리고 외국어 표기법에 따라 '탐파'도 '탬파'로 바꿔 『탬파 트리뷴』이라고 해야 한다.

(5) 번역은 '기호를 우리말로 바꾸는 과정'이 아니라 '적절한 우리말로 다시 쓰는 과정'이다. 'when prices are significantly higher than what people have been used to', 'the price levels that you happen to be used to'를 기호대로 따라가다 보면 번역 예와 같이 국적 불명의 표현이 나오게 된다. 위의 두 구문은 '판매가가 평소 수준을 크게 웃돌 때 발생한다'와 '통상 판매가' 정도로 하면 훨씬 우리말답고 자연스럽다.

영문 텍스트

But even as Crist set about enforcing the price-gouging law, some economists argued that the law—and the public outrage—were misconceived. In medieval times, philosophers and theologians believed that the exchange of goods should be governed by a "just price," determined by tradition or the intrinsic value of things. But in market societies, the economists observed, prices are set by supply and demand. There is no such thing as a "just price."

Thomas Sowell, a free-market economist, called price gouging an "emotionally powerful but economically meaningless expression that most economists pay no attention to, because it seems too confused to bother with." Writing in the *Tampa Tribune*, Sowell sought to explain "how 'price gouging' helps Floridians." Charges of price gouging arise "when prices are significantly higher than what people have been used to," Sowell wrote. But "the price levels that you happen to be used to" are not morally sacrosanct. They are no more "special or 'fair' than other prices" that market conditions—including those prompted by a hurricane—may bring about.

번역 예

하지만 크리스트가 폭리단속법의 집행을 강행하려 들자, 사람들이 법과 대중의 분노를 오해했다며 일부 경제학자들이 반발하고 나섰다. 중세시대 철학자와 신학자들의 신념에 따르면, 재화 거래는 '적정가'로 통제해야 하며, 적정가는 전통과 재화의 내재가치로 정했다. 하지만 경제학자들의 주장처럼, 시장경제의 가격은 공급과 수요가 좌우할 뿐 '적정가' 따위는 존재하지 않는다.

자유시장 경제학자 토마스 소웰은 폭리에 대해 "정서적으로는 강렬하지만 경제학적으로는 전혀 의미가 없는 탓에 경제학자들은 대체로 관심을 두지 않는다. 개념 자체가 지극히 모호하기 때문이다"라고 말한 바 있다. 소웰은 또한 "폭리가 어떻게 플로리다 사람들을 도왔는가?"라는 주제로 『탬파 트리뷴』에 기고한 바 있는데, 그의 주장에 따르면 폭리를 향한 비난은 "판매가가 평소 수준을 크게 웃돌 때 발생한다." 하지만 '통상적인 판매가'라는 개념이 신성불가침은 아니며, 허리케인 요인을 포함해 여타의 시장 상황에 기인한 가격들보다 '특별하지도 공정하지도 않다.'

수강생 __ 번역 4

인간과 가장 가까운 친척으로 고릴라, 일반 침팬지, ('보노보'라고도 불리는) 피그미 침팬지 이렇게 유인원 세 종이 남아 있다. 아프리카에 있는 유인원 서식지는 다양한 화석 증거와 함께 인류의 발상지가 아프리카임을 나타낸다. 인류 역사는 동물 역사와 구분되어 약 7백만년 전부터 (1) (5~9백만년 전으로 추정) 시작했다. 이때쯤에 아프리카 유인원은 한 개체에서 여러 개체로 분리되었는데, 그 개체 중 하나는 현재의 고릴라로, 다른 하나는 현재의 두 침팬지로, 나머지 하나는 인류로 진화했다. 고릴라 (2) 계통은 침팬지와 인간이 각각 갈라지기 직전에 분리되었다고 알려져 있다.

(3) 화석은 인류 진화선이 지금의 인류까지 다다르면서 약 4백만년 전부터 직립 자세에 가까워졌음을 알려준다. 그리고 약 250만년 전부터 체격이 커지고, 두뇌 크기가 상대적으로 증가했다고 말해준다. 이러한 원인류에는 보통 오스트랄로피테쿠스 아프리카누스, 호모 하빌리스, 호모 에렉투스가 속하며, 이 순서대로 각각 진화했다. 호모 에렉투스는 약 170만년 전 단계고, 이들의 체격은 현재 인간과 비슷했지만 두뇌 크기는 겨우 절반밖에 안 됐다. 석기는 약 250만년 전부터 널리 퍼졌으나 그저 (4) 떨어진 조각이나 부서진 돌 정도로 아주 조잡했다. 동물학 관점에서 호모 에렉투스는 유인원 이상의 의의와 특수성이 있지만 현대 인류와 비교하면 그 수준은 여전히 미미하다.

해설

(1) 숫자 표기는 오해할 수 있으므로 '500~900만 년'으로 수정해야 한다. 7백도 가능하지 않다. 우리말은 1만 단위로 표기하므로 '34조 5689억 8543만 4564'처럼 기록한다.

(2) 인류학 등 전문서를 번역하려면 특히 용어에 주의해야 한다. '계통'은 생물학적으로 어울리는 단어가 아니다. 고릴라, 침팬지, 사람 등은 '속'에 해당하므로 '고릴라속'이 옳다. 그런 점에서 '분리되었다'도 '분화했다'로 한다.

(3) 'Fossils indicate that'을 '화석은 ~ 알려준다'로 번역하면 주어와 동사의 관계를 찾기가 어려워진다. 이런 경우에는 '화석 증거로 알 수 있듯이' 정도로 바꿔주면 좋다. 즉, "화석 증거로 알 수 있듯이, 인류 진화선은 지금의 인류까지 다다르면서 약 400만 년 전부터 직립 자세에 가까워졌다."

(4) 'flaked or battered stones'의 번역으로 지망생들이 가장 놓치기 쉬운 문제다. 영어는 표의문자가 아니라 이렇게 표기하지만, 자구 번역을 하면 인류학 전문서 용어로도 적합하지 않다. 검색만이 살길이다. 조금이라도 이상하면 검색해보자. '편석기와 간석기'라는 표현이 있을 것이다.

Our closest living relatives are three surviving species of great ape: the gorilla, the common chimpanzee, and the pygmy chimpanzee (also known as bonobo). Their confinement to Africa, along with abundant fossil evidence, indicates that the earliest stages of human evolution were also played out in Africa. Human history, as something separate from the history of animals, began there about 7 million years ago (estimates range from 5 to 9 million years ago). Around that time, a population of African apes broke up into several populations, of which one proceeded to evolve into modern gorillas, a second into the two modern chimps, and the third into humans. The gorilla line apparently split off slightly before the split between the chimp and the human lines.

Fossils indicate that the evolutionary line leading to us had achieved a substantially upright posture by around 4million years ago, then began to increase in body size and in relative brain size around 2.5 million years ago. Those protohumans are generally known as Australopithecus africanus, Homo habilis, and Homo erectus, which apparently evolved into each other in that sequence. Although Homo erectus, the stage reached around 1.7 million years ago, was close to us modern humans in body size, its brain size was still barely half of ours. Stone tools became common around 2.5 million years ago, but they were merely the crudest of flaked or battered stones. In zoological significance and distinctiveness, Homo erectus was more than an ape, but still much less than a modern human.

번역 예

인류와 가장 가까운 친척은 현존하는 유인원 세 종류, 즉 고릴라, 침팬지 그리고 피그미침팬지(일명 보노보)다. 유인원의 분포가 아프리카에만 국한한다는 사실은, 다양한 화석 증거와 더불어 초기 단계의 인간 진화 또한 아프리카에서 이루어졌음을 보여준다. 동물의 역사와 별개로 인류 역사는 700만 년 전(500만~900만 년으로 추정) 바로 그곳에서 시작했다. 그때쯤 아프리카 유인원은 몇 개 개체군으로 나뉘었는데, 그중 첫 번째는 지금의 고릴라, 두 번째는 침팬지 두 종 그리고 세 번째가 인류로 진화했다. 고릴라 속의 분화는 침팬지와 사람속 간의 분화보다 다소 앞섰다.

화석 증거로 보아 우리에게 이르는 진화선은 400만 년 전쯤 본격적으로 직립 자세를 취했으며, 250만 년 전경에는 신체가 커지고, 그에 걸맞게 뇌의 용량도 증가했다. 이들 원인은 일반적으로 오스트랄로피테쿠스 아프리카누스, 호모 하빌리스, 호모 에렉투스로 알려진바, 진화 또한 그 순서대로 진행된 듯하다. 호모 에렉투스는 170만 년 전의 진화계로서, 우리 현대인과 신체 크기가 비슷했지만 뇌 크기는 여전히 절반에도 미치지 못했다. 250만 년 전쯤 석기가 일반화하기는 했어도 기껏 조잡한 편석기나 깬석기에 불과했다. 동물학적 가치와 특징으로 볼 때 호모 에렉투스는 분명 유인원 이상의 존재였다. 하지만 현생인류가 되기에는 아직 많이 부족했다.

수강생 __ 번역 5

아주 어렸을 적에 ⑴ 나는 내가 다른 누군가일 거라고 상상했다. 정확히 말하면 링링브라더스 서커스 차력사였다. 메인주 더럼에 있는 이서린 이모와 오렌 ⑵ 삼촌댁에서였다. 이모는 내가 두세 살쯤이었다면서 꽤 정확하게 기억하고 있었다. 나는 차고 구석에서 시멘트 벽돌을 발견하고 집어들고는 차고를 가로지르며 천천히 벽돌을 들어 옮겼다. 내가 동물 무늬 러닝셔츠(아마도 표범 무늬)를 입고 있었다는 사실을 잊은 채, 중앙으로 벽돌을 ⑶ 옮기고 있었다. ⑷ 수많은 관중들이 숨을 죽이고 있었다. 빛나는 파란 빛깔 흰색 자국이 내가 걸어온 길을 따라 그어졌다. 사람들의 놀란 얼굴이 무슨 일이 일어났는지 말해주고 있었다. 이렇게 어마어마하게 힘 센 아기는 처음 봤다고 ⑸ 말이다. "세상에, 2살밖에 안된 아기가!" ⑹ 믿을 수 없다는 듯 중얼거리는 사람도 있었다.

해설

(1) 지시어는 줄일수록 우리 입말에 맞다. "나는 다른 사람이라고 상상했다" 정도로도 충분하다.

(2) 'aunt'는 '이모', 'uncle'은 '삼촌'이라고 기계적으로 암기한 탓인지 의외로 이런 실수가 많다. 늘 상황을 살피고 문맥을 따져 확인하자. 이모와 삼촌이 함께 살 것 같지는 않다.

(3) '~하고 있었다'도 우리가 흔히 쓰는 말버릇이다. 친구들과 말할 때라면 모르겠지만 글에서는 가려 써야 한다. '옮겼다'로 충분하다. 마찬가지로 '죽이고 있었다'는 '죽였다', '말해주고 있었다'는 '말해주었다'로 고쳐야 한다.

(4) '많은', '수많은', '모든' 등의 표현도 가급적 부사로 바꾸자. '수많은 관중들이 숨을 죽였다'보다는 '관중들이 일제히 숨을 죽였다'가 듣기에도 훨씬 좋다.

(5) 의외로 '말이다'를 쓰는 수강생들이 많은데, 구어체 대화라면 모를까 글에서는 쓰지 않도록 한다.

(6) 표현이 생명이다. 조금 더 고민하면 탄탄한 표현들이 얼마든지 있다. 이 경우에도 "누군가 믿을 수 없다는 듯 중얼거렸다"로 하면 긴박감이 훨씬 강해지지 않는가.

My earliest memory is of imagining I was someone else—imagining that I was, in fact, the Ringling Brothers Circus Strongboy. This was at my Aunt Ethelyn and Uncle Oren's house in Durham, Maine. My aunt remembers this quite clearly, and says I was two and a half or maybe three years old. I had found a cement cinderblock in a corner of the garage and had managed to pick it up. I carried it slowly across the garage's smooth cement floor, except in my mind I was dressed in an animal skin singlet (probably a leopard skin) and carrying the cinderblock across the center ring. The vast crowd was silent. A brilliant blue-white spotlight marked my remarkable progress. Their wondering faces told the story: never had they seen such an incredibly strong kid. "And he's only two!" Someone muttered in disbelief.

번역 예

아주아주 어렸을 적, 상상 속에서 다른 사람으로 변신하곤 했다. 정확히는 링링브라더스 서커스의 차력사였다. 메인주 더럼, 에슬린 이모와 오렌 이모부 집에서 살던 때였다. 이모도 그때를 정확하게 기억하는데 내가 두세 살쯤이었단다. 나는 차고 구석의 시멘트벽돌을 찾아내 낑낑거리며 들어 올린 다음 차고의 부드러운 시멘트 바닥을 천천히 돌아다녔다. 다만, 상상 속에서 나는 동물가죽 속옷 차림이었으며(아마도 표범가죽이었을 것이다) 무대는 서커스장 한가운데였다. 장내는 관중들로 빽빽했으나 순간 일제히 숨을 죽였고 청백의 찬란한 스포트라이트가 내 놀라운 행보를 따라다녔다. 구경꾼들의 놀란 표정으로 보아 그렇게 힘이 센 아이는 다들 처음 보는 모양이었다. "겨우 두 살이래!" 누군가 믿기지 않는다는 듯 중얼거렸다.

나는 믿을 수 없어 자문했다. (1) "왜 다들 이걸 모르고 있을까?" 나는 나를 지치게 했던 세계와 이 인생의 비밀을 공유하고 싶은 욕망에 타올랐고, 이를 알고 있는 사람 가운데 현존하는 사람이 있는지 찾아다니기 시작했다.

그러자 그들이 모습을 드러내기 시작했다. 나는 마치 자석이 된 것 같았다. 찾아다니기 시작하면서, 살아 있는 위대한 스승들이 한 명씩, 한 명씩 줄지어 내게 끌려왔다.

한 스승을 발견하면, (2) 완벽한 사슬처럼 다음 스승에게로 연달아 이어졌다. 만약 잘못된 길로 들어서면, 무언가 나의 (3) 주의를 끌었고, 그러한 주의의 전환으로 다음의 위대한 스승이 나타나곤 했다. 인터넷 검색에서 "실수로" (4) 잘못된 링크를 클릭했을 경우라도, 그로써 어떤 결정적인 정보를 발견하곤 했다. 불과 몇 주 사이에 난 수세기를 거슬러 이 인생의 비밀이 남긴 흔적을 추적해냈고, 이를 실천하는 현대인들을 발견했다.

(1) 수강생들은 거의 이런 식으로 번역했다. "Why doesn't everyone know this?" 이 문장은 'Why don't you ~'의 변형이기도 하지만 'everyone'과 'doesn't'가 겹쳐 부분부정의 뜻이기도 하다. 즉, "왜 다들 모르고 있을까?"가 아니라 "왜 모르는 사람이 있을까?"가 된다. 이 때문에 번역은 "모두가 알게 해주면 어떨까?"가 제일 적당하다. 영어 구문 파악 능력은 번역가의 제1 자질이다.

(2) "When I discovered one teacher, that one would link to the next, in a perfect chain." 해석과 번역은 다르다. 해석은 '의미를 파악'하는 데 그치지만 번역은 '의미를 파악해 기호로 재구성'하는 작업이기 때문이다. 그래서 글이다. 위 문장은 'one would link to the next'와 'in a perfect chain'이 쉼표로 이어졌다. 글은 시간과 논리 순서가 자연스러우니 위 번역보다는 "스승을 발견하면 다음 스승에게로 이어져 완벽한 사슬을 만들어나갔다"로 하자.

(3) 우리나라 사람들은 연결사 '~고'를 남발하는 경향이 있으나 사실 순접관계와 등위관계 외에는 쓸 일이 별로 없다. 더 자연스러운 연결사를 고민할 필요가 있다. 예를 들어 '추적해냈고'를 '추적한 끝에' 식으로 바꾸면 어떨까?

(4) 원문은 "I "accidentally" pressed the wrong link on an internet search"인데 'wrong'을 기계적으로 해석했다. 여기에서는 '엉뚱한 링크'가 맞다. 의미는 사전이 아니라 문맥이 결정한다.

Incredulous, I asked, "Why doesn't everyone know this?" A burning desire to share The Secret with the world consumed me, and I began searching for people alive today who knew The Secret.

One by one they began to emerge. I became a magnet: as I began to search, one great living master after another was drawn to me.

When I discovered one teacher, that one would link to the next, in a perfect chain. If I was on the wrong track, something else would catch my attention, and through the diversion the next great teacher would appear. If I "accidentally" pressed the wrong link on an internet search, I would be led to a vital piece of information. In a few short weeks I had traced The Secret back through the centuries, and I had discovered the modern-day practitioners of the Secret.

나는 의아한 마음에 이렇게 자문해보았다. "모두가 이 '비밀'을 알면 어떨까?" 그래서 세상과 '비밀'을 함께하고 싶다는 생각에 몸이 달아 현존 인물 중에서 '비밀'을 아는 사람들을 찾아 나섰다.

마침내 대가들이 한 사람씩 나타나기 시작했다. 탐색에 드는 순간, 나 자신이 자석이 되어 현존 대가들을 연이어 불러낸 것이다.

일단 대가를 찾아내자 그가 다른 대가와 이어지며 궁극적으로 완벽한 고리를 만들어나갔다. 행여 길을 잘못 들었을 경우라도 다른 문제가 시선을 사로잡아 바로 그 일탈로 대가를 찾아낼 수 있었다. 인터넷 검색을 하던 중 '실수로' 엉뚱한 링크를 클릭하더라도 결국엔 중요한 정보에 이르렀다. 몇 주 후에는, 마침내 몇 세기를 거슬러 비밀을 추적해내고 또한 현대시대에 '비밀'을 실천하는 대가들도 찾아냈다.

약 135억 년 전, 빅뱅(Big Bang)이라 (1) 불리는 현상으로 (2) 인해 우주에 (3) 물질, 에너지, 시간, 공간이 생겨났다. 이러한 우주의 기본 특성에 관한 이야기가 바로 물리학이다.

그로부터 30만 년 정도가 흐른 후, 물질과 에너지가 모여 원자라는 복잡한 구조를 이루게 되었고, 이 원자들이 결합해 분자를 형성하게 되었다. 이 원자와 분자의 탄생 과정과 상호작용에 대한 이야기가 바로 화학이다.

38억 년 전 지구라는 행성 위에서 특정 분자들이 모여 거대하고 복잡한 구조를 만들었는데 이것이 유기체다. 이 생물에 관한 이야기를 다루는 것이 바로 생물학이다.

7만 년쯤 전에는 호모 사피엔스(Homo sapiens)종에 속한 생물인 인간들이 더 복잡한 구조인 (4) 문화라는 것을 만들었다. 이 인간 문화의 발전에 관한 이야기가 바로 역사이다.

해설

(1) 'what is known', 'what is call', 'what they term' 등은 '이른바', '소위' 등으로 번역하면 편리하다. 즉, '이른바 빅뱅 현상으로'라고 하자.

(2) 글에서는 불필요한 요소를 최대한 줄여야 한다. 이 번역에는 '인해', '정도가 흐른', '에 관한' 등 없어도 무방한 표현들이 많다. 늘 자기 글 버릇을 돌아볼 일이다.

(3) 영어는 단어를 나열할 때 마지막에 'and'를 붙이지만 우리말은 두 단어 단위로 단어와 단어 사이에 '과(와)'를 넣어야 자연스럽다. 예를 들어, '슬픔과 비애, 비탄' 하는 식이다. '물질과 에너지, 시간과 공간'이라고 표현한다.

(4) 'more elaborate structures called cultures'에서는 'called'가 문제다. (1)과 마찬가지로 처리해도 좋고, '즉'을 붙여도 좋다. '정교한 구조, 즉 문화'로 처리하면 '~것'을 쓸 필요가 없다.

영문 텍스트

About 13.5 billion years ago, matter, energy, time and space came into being in what is known as the Big Bang. The story of these fundamental features of our universe is called physics.

About 300,000 years after their appearance, matter and energy started to coalesce into complex structures, called atoms, which then combined into molecules. The story of atoms, molecules and their interactions is called chemistry.

About 3.8 billion years ago, on a planet called Earth, certain molecules combined to form particularly large and intricate structures called organisms. The story of organisms is called biology.

About 70,000 years ago, organisms belonging to the species Homo sapiens started to form even more elaborate structures called cultures. The subsequent development of these human cultures is called history.

번역 예

135억 년 전, 이른바 빅뱅으로 물질과 에너지, 시간과 공간이 생겨났다. 이렇듯 우리 우주의 기본 특징은 물리학에서 다룬다.

그 후 약 30만 년이 지나고, 물질과 에너지가 합쳐져 복합구조를 낳는데 바로 원자다. 원자는 다시 결합해 분자를 이루었다. 원자와 분자 그리고 원자와 분자의 상호작용을 다루는 것을 화학이라 한다.

약 38억 년 전, 지구라는 이름의 행성에서 특정 분자들이 결합해 아주 커다랗고 복잡한 구조, 즉 유기체를 만들어냈다. 유기체 이야기는 생물학이라고 한다.

7만 년쯤 전, 호모 사피엔스에 속하는 유기체들이 구조가 훨씬 정교한 문화를 만들기 시작했는데, 이들 인간 문화의 발전 과정을 역사라고 한다.

(8) (대화 주체는 동네 깡패들입니다.)

가필드 포터는 (1) 시동을 켜둔 카프리스 운전석에 앉았다. (2) 콜트리볼버를 무릎 사이에 대충 끼우고 (3) 엄지손가락으로 고무 손잡이를 만지작거렸다. 조수석엔 칼튼 리틀이 창에 기댔다. 칼튼은 (4) 화이트오울사 시가 껍데기에 마리화나로 채우더니 엄지로 꾹꾹 눌러 넣었다. 가필드와 칼튼은 찰스 화이트를 (5) 기다리고 있는 중인데 그 때 찰스는 할머니 댁 뒷마당 우리에서 개를 꺼내고 있었다.

"별거 아닌 거 같잖아?" 가필드가 다리 쪽을 쳐다보며 물었다.

"계집애들이 그 거 꺼내면 늘상 하는 말이지." 칼튼이 늘어지게 히죽 웃는다.

"브라이아나 같은 애 말하는 거냐? (6) 니 여자 말야. 걘 이거 볼 일도 없었어, 뒤로 하고 있었는데 느끼긴 했을걸? 네 존재는 싹 다 잊어버리게 만들었지. 끝나고 나니 완전 네 이름도 기억 못 하더라니까."

"걘 지 이름도 까먹었을 거다. 얼마나 쳐 마셨으면 너같이 불쌍한 말종새끼랑 뒹구냐?" 리틀은 호탕하게 웃으며 성냥에 불을 붙여 시가 끄트머리에 갖다 댔다.

"미친놈아, 총 얘기하는 거잖아."(7) 포터는 콜트 총을 볼 수 있게 리틀에게 들어올리면서 담배에 불을 붙였다.

해설

(1) 문장형 수식은 최대한 삼가자. '시동을 켜둔 채'라고만 해도 읽기가 훨씬 부드럽다.

(2) 주어가 없는 탓에 전체적으로 비문 느낌이다. 이 경우 '콜트리볼버를'을 '콜트리볼버는'으로 토씨만 바꿔도 비문을 피할 수 있다.

(3) 단어 선택은 늘 조심해야 한다. 흔한 표현이라도 한번쯤 의심해본다. '엄지손가락'은 '지'가 손가락을 뜻하므로 '엄지'라고 해야 한다. 그런 점에서 '껍데기'도 마찬가지다. '껍데기'와 '껍질'의 차이도 구분해야겠지만 이 글에서 'wrapper'는 '궐련지'가 제일 어울릴 법하다. '쳐다보며' 역시 조심하자. '쳐다보다'는 고개를 들어 보는 행위이므로 여기서는 '내려다보다'로 바꿔야 한다.

(4) 번역은 반드시 독자 중심이어야 한다. 측량 단위를 미터법으로 환산하는 이유도 그 때문이다. 다만 이 경우 번역자의 판단도 중요하다. '화이트오울사'는 미국에서야 유명하고 의미도 있겠지만 우리나라에서 아는 사람은 극소수일 것이다. 이때 번역자는 '화이트오울'의 가치를 판단해야 한다. 거론할 정도로 가치가 있다면 그대로 써주되, 만일 그렇지 않다면 좀더 '일반적인' 단어로 바꾸는 것도 가능하다. 나 같으면 '싸구려' 정도로 쓸 것 같다.

⑸ 다시 한번 강조하지만 '~고 있다' 표현을 자제하자. '기다리는 중'으로 해도 충분하다.

⑹ 아무리 구어체라도 맞춤법까지 무시할 이유는 없다. '니'는 '네'로, '지'는 '제'로 표기한다.

⑺ "Potter held up the Colts so Little, firing up the blunt, could see it"의 번역이나 번역문에서는 콜트 총을 보는 주체가 포터인지 리틀인지 명확하지 않다. 오해가 생기지 않게 늘 '모호성'에 신경 써야 한다. "포터가 콜트 총을 들어 올리자 리틀이 담뱃불을 붙이며 눈을 치켜떴다" 정도가 좋겠다. 더욱이 담배에 불을 붙이는 사람은 포터가 아니라 리틀이다.

⑻ 대화 주체가 동네 깡패들이라고 서두에 밝혔지만, 대사가 매우 순하다. 깡패들한테는 깡패들의 보이스가 있음을 잊지 말자.

Garfield potter sat low behind the wheel of an idling Caprice, his thumb stroking the rubber grip of the Colt revolver loosely fitted between his legs. On the bench beside him, leaning against the passenger window sat Carlton Little. Little filled an empty White Owl wrapper with marijuana and tamped the herb with his thumb. Potter and Little were waiting on Charles White, who was in the backyard of his grandmother's place, getting his dog out of a cage.

"It don't look like much, does it?" said Potter, looking down at his own lap.

Little grinned lazily. "That's what the girls must say when pull that thing out."

"Like Brianna, you mean? *Your* girl. She ain't had no chance to look at it, 'cause I was waxin' her from behind, she felt it though. Made her forget all about you too. I mean I was done hittin' it she couldn't even remember your name."

"She couldn't remember hers too, drunk as she had to be to fuck a sad motherfucker like you." Little laughed some as he struck a match and held it to the end of the cigar.

"I'm talkin' about this gun, fool." Potter held up the Colts so Little, firing up the blunt, could see it.

번역 예

가필드 포터는 카프리스 운전석에 퍼질러 앉아 엄지로 콜트 리볼버 고무 손잡이를 어루만졌다. 총은 무릎 사이에 대충 끼워 두었다. 조수석에서는 칼튼 리틀이 창에 기댄 채 싸구려 궐련지에 마리화나를 채운 뒤 엄지로 꾹꾹 눌렀다. 둘은 찰스 화이트를 기다리는 중인데, 놈은 지금 할머니네 뒷마당에서 개를 데려오고 있었다.

"어때, 성능이 별로일 것 같냐?" 포터가 자기 무릎을 내려다보며 말하자 리틀이 씩 웃었다.

"그거 꺼내는 순간 여자들도 그렇게 말할 거다."

"브리아나 얘기냐? 네 깔치? 그년은 볼 기회도 없었다. 내가 뒤에서 박아댔으니까. 어, 그래도 뿅 가기는 하더라. 네놈 생각도 까맣게 잊었지. 펌프질할 때는 아마 네 새끼 이름도 날아갔을걸?"

"제 이름이나 기억했겠냐. 씨발, 좆나게 약 빨고 꼭지가 돌았으니 너 같은 잡놈하고 씹질하지."

리틀이 키득거리며 성냥에 불을 붙이곤 시가 끄트머리로 가져갔다.

"난 총 얘기를 한 거야, 병신아." 포터가 콜트를 들어 올리자 리틀이 마리화나에 불을 붙이며 눈을 치켜떴다.

The world changes faster than we can fathom in ways that are complicated. These bewildering changes often leave us raw. The cultural climate is shifting, particularly for women as we contend with the retrenchment of reproductive freedom, the persistence of rape culture, and the flawed if not damaging representations of women we're consuming in music, movies, and literature.

세상은 따라잡을 수 없을 정도로 빠르게, 또 복잡하게 변한다. 우리는 종종 갑작스러운 변화에 무방비로 노출된다. 문화 역시 지각 변동을 겪고 있으며, 특히 여성에게는 체감 정도가 크다. 생식의 자유가 제한되고 강간 문화가 만연한 현실과 싸우는 동시에 늘 접하는 음악, 영화, 문학에서 여성을 흠집 내고 나아가 비하하는 행태에 저항하기 때문이리라.

해설

　이 책이 지향하는 번역은 위 수강생의 번역과 같다. 번역자는 기호를 기계적으로 따라가는 대신 텍스트를 완전히 해체한 뒤 적절한 우리말로 재구성했다. 밑줄 친 부분을 중심으로 텍스트와 번역문을 비교하며 확인해보자.

아프리카 인류 파편은 거의 남아 있지 않으나, 그 골격이 동시대에 살았던 네안데르탈인보다 우리와 더 닮았다. 동시대에 존재했던 동아시아 인류의 유골 파편은 그보다 더 적게 남아 있는데, 당시 아프리카 인류, 네안데르탈인과는 모습이 또 다르다. 당시의 생활상을 가장 잘 엿볼 수 있는 증거는 바로 남아프리카 유적지에서 발견된 석기와 (1) 사냥감의 뼈 무덤이다. 10만 년 전에 존재했던 아프리카 인류는 동시대의 네안데르탈인에 비해 (2) 우리와 더 비슷한 골격을 갖추었다. 하지만 (3) 이들이 사용한 석기는 네안데르탈이 사용한 석기와 똑같이 조잡했으며, 여전히 표준화되지 않아 제각각이었다. (4) 예술 역시 전해지지 않는다. 당시 아프리카 인류가 사냥한 동물의 뼈를 토대로 살펴보면, 사냥 기술은 그다지 뛰어난 편이 아니어서 만만한 상대나 맹수가 아닌 동물을 주로 겨냥했으리라고 짐작된다. 또한 이들은 물소나 돼지를 비롯한 위험한 동물을 사냥하기는커녕 물고기 낚시도 하지 못했던 것으로 보인다. 해변에 인접한 유적지에서 물고기 뼈나 낚싯바늘이 발견되지 않았기 때문이다. 그러므로 아프리카 인류 역시 동시대의 네안데르탈인과 함께 아직 완전한 인간이라고 보기 어렵다.

해설

(1) 'prey bones', 즉 '사냥감'은 '앞으로 사냥할 짐승'을 뜻하므로 '뼈'와 어울리지 않는다. 이미 사냥해 식량으로 사용했으므로 여기서는 '사냥동물 뼈'가 올바르다. 마찬가지로 'fishbones'도 주의해야 할 단어다. 'fish'는 물고기와 생선 둘 다를 뜻하지만 여기에서는 '잡은 물고기'의 뜻이므로 '생선'이 맞다. 또 생선의 'bone'은 '뼈'가 아니라 '가시'가 적당하다.

(2) 다시 한번 '형용사+명사' 문제다. '비슷한 골격'이라고 했기에 '갖추었다'라고 불필요한 서술어를 끌어와야 했다. '우리와 골격이 더 비슷했다'고 했으면 문장이 더 간결했을 것이다.

(3) "The population of Seoul is larger than that of Busan"과 같이 영어는 비교 대상을 정확히 해야 하므로 "서울의 인구는 부산의 인구보다 많다" 식으로 표현하겠지만, 우리말은 굳이 그렇게 할 필요가 없다. 즉 "서울은 부산보다 인구가 많다"라고 해도 충분하다는 뜻이다. 위 문장도 마찬가지다. "이들이 사용한 석기는 네안데르탈인만큼이나 조잡했다"라고 하면 그만이다.

(4) 수강생들은 대부분 '단어'의 미묘한 차이에 약하다. '사람들(people)'과 '민족(a people)'의 차이를 지적했지만 'art' 역시 추상명사와 일반명사의 차이를 알아야 한다. "They had no preserved art"의 경우 'preserved', 즉 '보존된' 'art'여야 하므로 '예술'이 아니라 '기술'이다. '미술작품'의 뜻으로 썼다면 'arts'로 했을 것이다.

The few preserved African skeletal fragments contemporary with the Neanderthals are more similar to our modern skeletons than to Neanderthal skeletons. Even fewer preserved East Asian skeletal fragments are known, but they appear different again from both Africans and Neanderthals. As for the lifestyle at that time, the best-preserved evidence comes from stone artifacts and prey bones accumulated at southern African sites. Although those Africans of 100,000 years ago had more modern skeletons than did their Neanderthal contemporaries, they made essentially the same crude stone tools as Neanderthals, still lacking standardized shapes. They had no preserved art. To judge from the bone evidence of the animal species on which they preyed, their hunting skills were unimpressive and mainly directed at easy-to-kill, not-at-all-dangerous animals. They were not yet in the business of slaughtering buffalo, pigs, and other dangerous prey. They couldn't even catch fish: their sites immediately on the seacoast lack fishbones and fishhooks. They and their Neanderthal contemporaries still rank as less than fully human.

번역 예

    아프리카 인류는 표본이 거의 없고 유골도 잔해밖에 남지 않아 단정하기 어렵지만, 네안데르탈인과 동시대임에도 오히려 우리 현생인류 골격과 더 비슷하다. 동아시아 인류의 유골은 견본 수가 그보다 훨씬 적으며, 골격구조는 아프리카 인류와 네안데르탈인 모두와 차이를 보인다. 당시 생활상이라면 남아프리카 유적지들의 석기와 사냥동물 뼈 무덤으로 제일 잘 알 수 있다. 100,000년 전 아프리카인들이 동시대 네안데르탈인보다 현생인류의 골격을 닮았다 해도, 석기는 네안데르탈인들만큼이나 조잡하고 모양도 기준이 없었으며, 기술도 남아 있지 않다. 사냥동물의 뼈를 조사한 결과 사냥 기술은 보잘것없었다. 주로 잡기 쉽고 위험하지 않은 사냥감을 노렸으며 아직 물소, 돼지 등 야수를 죽일 능력은 없었다. 심지어 물고기를 잡지도 못했던지, 바닷가 유적지에서도 생선가시나 낚싯바늘은 보이지 않았다. 동시대 네안데르탈인과 마찬가지로 이들을 인간이라고 칭하기엔 여전히 부족한 점이 많다.

역자 후기 모음

번역가들에게 제일 고역이라면 바로 역자 후기를 쓰는 일이다. 번역은 텍스트라도 있으니 생짜로 머리를 짜낼 필요는 없지만 역자 후기로 넘어가는 순간 '웰 컴 투 더 창작월드'이기 때문이다. 지금껏 주장했듯이 번역과 창작은 완전히 별개 문제다. 유감스럽게도 나한테는 창작 머리가 부족하다. 부족해도 한참 부족하다. (아니면 이 책을 쓰는 동안 한 글자 한 글자가 왜 이렇게 고난의 길이겠는가?)

그럼에도 소설을 80여 편 번역하는 동안 역자 후기를 60편 가까이 쓴 모양이다. 아무래도 역자 후기가 없는 책보다 있는 쪽이 더 있어 보인다고 생각했기 때문이리라. 언젠가 출판사에서 "선생님, 바쁘시면 역자 후기 쓰지 않으셔도 돼요" 하기에 "엥? 지금까지 써달라고 하셨잖아요"라고 했더니, "아니에요. 없어도 되는데 선생님이 계속 써주셔서 고맙게 생각하고는 있어요"라는 대답이 돌아왔다. 그 출판사에서만 거의 30편 가까이 역자 후기를 썼건만 왜 이제 와서…….

역자 후기는 출판사마다 정책이 다르다. (사실 거의 소설 작업만 했기에 인문사회과학 쪽은 상황이 어떤지 잘 모른다.) 어떤 출판사는 고집스럽게 역자 후기를 요구하고, 어떤 출판사는 있으나 없으나 쪽이다. 나로 말하면, 여전히 역자 후기가 있으면 없는 것보다 책이 귀해 보인다는 쪽이다.

역자 후기는 글쓰기이기에 역시 역자의 글솜씨가 제일 중요하다. 그래도 몇 가지 지켜줬으면 하는 규범이 있다고 생각하므로 그간의 경험을 바탕으로 짧게 정리해본다.

역자 후기, 특히 소설 역자 후기는 보통 세 종류로 나눈다.

첫째는 가벼운 독후감이다. 물론 가벼운 소설이나 에세이를 작업할 때의 얘기다. 특별히 설명해야 할 주제도 없고 배경설명도 필요 없으면 책을 읽고 난 뒤(번역가는 그 책에 관한 한 가장 치열하고 집요한 독자다) 자유롭게 소감을 기록해 독자와 감상을 공유할 수 있다. 내 경우는 『6인의 용의자』가 그랬다. 소설은 흥미로웠고 번역이 끝난 후 느낌은 경쾌했다. 이런 종류의 독후감에는 과하지만 않다면 개인적인 얘기를 조미료처럼 가미해도 좋다.

둘째는 주제나 형식과 관련해 얘기를 써야 할 때가 있다. 텍스트가 난해하거나 문체가 독특해서 독자들이 중요한 요소를 놓칠 우려가 있다고 판단할 경우이지만 이런 식의 역자 후기는 역자로서도 특히 조심스럽다. 독자를 가르치려 들거나 스포일러를 만들 우려가 있기 때문이다. 로버트 해리스의 『루스트룸』은 소설 형식을 역자 후기로 선택했는데, 내 판단에 그 소설이 '그리스 비극'의 형식을 그대로 가져왔기 때문이다. 그런 요소들은 소설 어디에도 설명이 없기에 독자들이 그냥 넘어가지만, 소설을 이해하는 데 필요할 수도 있다. 청소년소설은 주로 주제를 중심으로 얘기하게 된다. 소설은 여러 가지 비유와 상징으로 청소년의 호기심을 자극하는데, 상상력을 위해서라도 몇 가지 생각할 거리를 제공할 필요가 있다. 나는 주로 몇 가지 해석 가능성을 역자 후기에 제시하는데, 이런 정보들은 인터넷을 검색하면 어렵지 않게 구할 수 있다.

마지막은 텍스트 주변 얘기들이다. 소설 자체가 문화권이나 시대, 공간이 다르기 때문에 배경 설명이 필요할 때가 있다. 예를 들어, 『히스토리언』은 드라큘라가 실존한다는 전제로 드라큘라를 추적하는 역사학자들 이야기를 다루었는데, 『다빈치 코드』와 마찬가지로 '팩션' 장르에서도 중요한 의미가 있다. 당시는 팩션이 잘 알려지지 않은 터라 역자 후기에서 팩션이 어떤 장르이고 역사소설과는 어떻게 다른지 구체적으로 설명해야 했다. 데니스 루헤인의 '켄지와 제나로'에서는 소설 무대인 보스턴의 생활과 분위기를 역자 후기로 썼는데, 역자 후기가 꼭 필요하다면 아무래도 이 마지막 요소 때문일 것이다.

역자 후기는 역자의 창작 공간이니 역자의 자유가 충분히 보장되지만 그래도 몇 가지 피해야 할 사항은 있다.

무엇보다 요약식 독후감은 곤란하다. 서점에 가서 역자 후기를 살펴보면 이 경우가 제일 많은 듯한데, 대부분을 내용 요약으로 채웠다. 개인의 경험담도 금물이다. 물론 조미료처럼 역자 이야기를 넣을 수는 있겠지만 개인의 일화가 주가 되어서는 곤란하다. 일본어 번역가 권남희는 얼마 전까지 역자 후기마다 예쁜 따님 이름을 넣었다. 따님이 아주아주 어렸을 때 역자 후기에 자기 이름이 없다며 엉엉 우는 바람에 다음부터는 꼭 이름을 넣겠다고 약속했기 때문이라는데, 그 정도는 출판사에서도 애교로 봐줄 듯싶다. 그 따님은 지금 대학교 졸업반이다(얼마 전 만나 보니 4년 전 합의하에 넣지 않기로 했단다).

주제는 단일해야 한다. 대개 역자 후기는 2~3페이지에 불과하다. 그러니 중구난방으로 쓰지 말고 어떤 얘기를 담을지 미리 주제 하나를 선택하는 것이 좋다. 문체는 가볍고 표현은 쉬워야 한다.

역자 후기도 능력이기에 초보자는 기존의 역자 후기를 참고할 필요가 있다. 역자 후기를 중시하는 번역가는 김석희, 정영목, 이종인 등인데 김석희 번역가는 『번역가의 서재』라고, 역자 후기만 따로 책으로 엮어내기도 했다. 부족한 역자 후기나마 몇 편 실었으니 참고하기 바란다.

역자 후기 사례 A

『히스토리언』:
판타지 팩션(Fantasy Faction)의 시작

"역사소설" 대 "팩션"

"팩션(Faction)이란 사실(fact)과 허구(fiction)를 합성한 신조어로, 역사적 사실에 근거하여 새로운 시나리오를 재창조하는 문화예술 장르를 가리킨다……." 이른바 "팩션"에 대한 위키 사전의 정의다. 하지만 위키의 정의는 기존의 역사소설(Historical Novel) 역시 "역사적 사실에 근거하여 새로운 시나리오를 재창조"한다는 점에서, 새로운 개념이자 장르로서의 "팩션"을 설명하는 데에는 한계가 있다. 예를 들어, 조정래의 『태백산맥』을 팩션으로 분류할 수는 없다.

위키의 오해는 "사실(fact)"과 "역사(history)"를 혼동한 데에서 비롯된다. 사실은 역사가 아니며 역사 또한 사실이 될 수 없다. 『역사란 무엇인가』의 저자 및 역사이론가 E. H. Carr는 역사를 "사과 씨앗이라는 이름의 사실을 둘러싼 과육"에 비유했는데, 바로 그 과육이 사실에 대한 해석을 뜻한다. 포스트모던 이후 "역사는 허구다"라는 명제는 더 이상 새로울 것도 없다. 왜냐하면 과거의 수많은 사실 중에서 역사에 포함할 사료를 선별하는 과정은 물론, 사건을 배열하고 해석하는 과정까지, 역사가의 주변 이데올로기가 개입할 수밖에 없기 때문이다. 요컨대, 자기 입맛에 맞게 역사를 구성한다는 뜻이다. 여기에 "세상에 정치 아닌 것이 없다(Everything is political)"는 유명한 명제까지 대입한다면, 실제로 역사만큼이나 정치적이고 계급적이며, 따라서 허구적인 글쓰기가 없다는 사실을 깨닫게 된다. 팩션은 역사가 끝나는 바로 그 시점에서 시작된다. (역사의 허구성에 대해서는 『임페리움』의 후기에서도 언급한 바 있다.)

역사소설과 팩션은 기존의 역사를 어떻게 받아들이느냐에 따라 달라진다. 역사소설은 기존의 역사적 글쓰기를 진실(truth)로 인정하고, 그 역사를 바탕으로 개연성 있는 허구를 엮어낸다. 그에 반해, 팩션은 역사의 진실성을 거부하고 스스로 "허구로서의 역사"를 대체하려 든다. 다시 말해, 역사와 마찬가지로, 사실에 "과육"을 입히려 한다는 것이다. 차이가 있다면, 역사가가 허구의 역사에 사실적 문체라는 가면을 덧씌워 소비자들에게 진실(truth)임을 강요하는 반면, 팩션 작가는 허구의 문체로 자신의 역사가 허구임을 솔직하게 고백한다는 점이다. 팩션이 기존의 역사적 글쓰기에 대한 일종의 저항의 의미를 갖는 건 바로 그 때문이다(기존의 역사 해석을 존중한다는 점에서 역사소설은 보수적이다). 김 성곤 교수 역시 "팩션이 절대적 진리에 대한 확신을 버리고 (사물 의) 고정된 경계의 해체를 시도한다"라고 선언한 바 있다.

팩션은 역사소설이 아닌 역사 자체를 지향하며, 역사를 이용 하는 데 그치지 않고 역사를 만들어낸다.

위대한 팩션 『히스토리언』

역사소설과 팩션의 구분을 다소 장황하게 설명한 이유는, 팩 션으로서 『히스토리언』이 갖는 진정한 가치를 강조하기 위해서 이다. 물론 『히스토리언』은 그 자체로 대단한 작품이다. 예를 들 어, 2004년 미국의 한 경매장에서 진기록이 연출된다. 어느 무명 작가의 처녀작 원고가 무려 200만 달러가 넘는 고액에 낙찰된 것 이다. 처녀작의 원고료가 대개 5만에서 10만 달러 사이로 결정되 는 관례에 비춰본다면 실로 대단한 사건이 아닐 수 없다. 소설은 2005년 출판되어 무려 44개 국어로 번역 출간되고, 소니픽처스는 700만 달러에 일찌감치 판권을 확보한다. 바로 엘리자베스 코스 토바의 처녀작 『히스토리언』이다.

하지만 움베르토 에코의 『장미의 이름』을 시작으로, 2003년 댄 브라운의 『다빈치 코드』를 통해 국내에 알려진 팩션의 지평을 『히스토리언』이 무한히 열어놓았다는 점 또한 잊어서는 안 될 것 이다. 출판사 리틀 브라운이 거액에 소설의 원고를 낙찰받았을 때, 『다빈치 코드』를 염두에 두었다고 선언하였듯, 두 소설은 여러 면에서 서로 닮았다. 지적 스릴러를 표방한 점도 그렇지만, 고정된 사실을 상상력을 통해 재구성하는 과정이나, 역사를 다루는 신중함이나 정교함에서도 그렇다. 아니, 사실을 다루고 가공하는 점이라면 엘리자베스 코스토바가 한 수 위일 것이다. 댄 브라운이 역사적 사료들을 재구성해 단순히 역사의 재해석을 시도한 데 반해, 엘리자베스 코스토바는 아예 그 안에 가공의 역사를 삽입해 현실과 판타지의 구분조차 불가능하게 만들었기 때문이다. 그로 인하여, 『히스토리언』을 읽노라면, 우리가 예수의 부활을 역사적으로 믿듯, 흡혈귀 드라큘라의 부활과 실존까지 역사적으로 믿을 수밖에 없게 된다.

역사가 본질적으로 허구라면, 판타지를 역사로 만드는 것보다 더 위대한 역사는 없을 것이다. 작가는 『히스토리언』 한 권을 위해 10년을 드라큘라 역사에 매달렸다. 소설 속 드라큘라가 스스로를 역사로 만들고자 했듯, 그녀 또한 드라큘라의 판타지를 또 다른 형식의 역사, 즉 팩션의 역사를 만들고 싶었기 때문이다. 로시, 폴과 헬렌, 그리고 화자로 대변되는 역사가들로 3중의 역사적 장치를 마련한 것도 그래서다. 사실 『히스토리언』이 판타지의 역사화에 성공했는지 여부는 중요하지 않다. 두 차례의 번역과 수많은 교정을 담당한 나로서는 그녀의 성공을 확신하는 바이지만, 팩션 또한 픽션이라는 태생적인 한계에 대한 판단은 다분히 독자들의 몫이다. 그보다 중요한 것은, 신예 엘리자베스 코스토바가 팩션의 영역을 역사에서 판타지로 지평을 무한히 확대하였다는 사실이다. "팩션이 경계의 해체"를 시도한다고 한, 김성곤 교수의 말마따나, 극단의 허구인 판타지와 극단의 리얼리티인 역사의 경계가 비로소 팩션『히스토리언』에 이르러 완전히 허물어진 것이다. 이 소설은 판타지인 동시에 역사서다. 그리고 엘리자베스 코스토바는 바로 그 판타지이자 역사서인 판타지 팩션의 지평을 연 최초의 작가다. 그런 점에서『히스토리언』이라는 제목은 더욱더 울림이 크다 하겠다.

완전히 새로운 번역으로서의『히스토리언』

소설『히스토리언』을 처음 번역한 때는, 2005년 당시 이 소설의 전 세계 동시 출판을 한창 서두를 때였다. 지금이야 60여 편의 소설을 번역한 베테랑 번역가일지 몰라도 당시만 해도 역서라고는 달랑 책 한 권뿐인 말 그대로 햇병아리 번역가에 불과했다. 결국 촉박한 시간과 경험부족에 밀려, 나는 저자인 엘리자베스 코스토바는 물론, 소설을 읽은 모든 독자들에게 대죄를 짓는 우를 범하고 말았다……. 아, 그 터무니없는 오역들에 손발이 오글거리는 표현이라니! 소설의 재출간 소식을 들었을 때, 말 그대로 하늘을 날 것만 같았다. 약간의 수정만으로 재출간하자는 의견을 거부하고 철저한 재번역을 고집한 것도 그 때문이다. 비록 늦은 감이 있지만, 저자와 독자 여러분께 이렇게라도 머리 조아려 사죄하고 싶었다. 여전한 능력 부족의 한계를 용서한다면, 최소 원고지 3,500매에 달하는 이 엄청난 서사소설을 나는 한 자 한 자

성심을 다해 다루었다. 이런 노력조차 면죄부가 되기는 어렵겠으
나 그나마 이렇게 참회의 기회를 만들어주신 랜덤하우스코리아
에 진심으로 감사드린다.

고전비극으로서의 『루스트룸』

할리우드 애니메이션 영화 『라이온 킹』이 햄릿을 모티브로 했다는 얘기는 유명하다. 아버지를 죽이고 왕위에 오른 삼촌 스카와 주인공 심바의 갈등, 그리고 복수에 이르기까지의 여정이 셰익스피어의 비극 『햄릿』의 구조와 내용을 그대로 닮았기 때문이다. 이런 걸 기시감이라고 하나? 내가 로버트 해리스의 『루스트룸』을 작업하면서 느낀 것도 바로 그렇다. 어? 이 플롯 어딘가 낯익다…… 그리고 작업을 끝낸 후 비로소 그 느낌의 정체를 깨달을 수 있었다. 맞다, 이 역사소설 또한 『햄릿』의 비극과 크게 닮았다!

아니, 최소한 소포클레스의 『외이디푸스 왕』으로 대변되는 고전비극의 구조를 그대로 따르는 것만은 분명하다. 그것도 의도적·의식적으로. 아리스토텔레스는 『시학』에서 "비극이란 고귀하고 용맹한 사람이 일련의 불행을 거쳐 파멸에 이르는 과정을 극화한 것"이라고 정의했는데, 『루스트룸』의 키케로가 딱 그렇다. 기사 계급으로 호모 노부스를 거쳐 "국부" 칭호까지 얻었으나, 결국 비극적 운명의 소용돌이에 휩쓸려 모든 것을 잃고 처참한 망명길에 오른다. 실제로 『루스트룸』이 고전비극의 전통을 따르기 위해 『햄릿』 또는 고전비극의 틀을* 오마주한 흔적은 얼마든지 있다. 우선 소설의 도입부가 그렇다. 성 밖에서 노예아이가 끔찍하게 살해된 채 발견되는 사건은 로마공화정의 붕괴와 키케로의 비극적 운명을 예고하는 상징이나 기법, 분위기 등 여러 면에서 기이한 자연현상들이 만연하고 유령이 출몰하는 『햄릿』의 불길한 도입부를 떠올리게 한다. 그로 인해 "점괘를 위해 내장까지 적출당한" 인간제물의 시신을 보며 "번개만큼이나 위력적이고 실제적인 악마의 존재"를 느꼈다는 티로의 독백 또한, 햄릿왕의 유령을 본 직후 호레이쇼의 불길한 독백과 겹칠 수밖에 없다.

로버트 해리스가 의도적으로 『햄릿』을 끌어들였다는 증거는 주인공 키케로의 성격과 행동을 비교할 때 보다 분명해진다. 『루스트룸』의 키케로는, 오히려 『임페리움』의 키케로보다 햄릿을 더 많이 닮아 보인다. 두 인물 공히 지적이고 금욕적이며 우유부단하다. 심지어 작가는 역적들을 징계하고 국부에 오른 이후 키

---

* 엄밀히 말해 『햄릿』이 고전비극은 아니다. 운명을 비극의 원인으로 보는 고전비극에 비해 『햄릿』은 "성격"을 비극의 원인으로 보기 때문이다. 하지만 그밖에 두 비극의 구조가 대동소이하며, 이곳에서 엄밀히 구분할 생각은 없다.

케로를 잠시 변덕과 광기에 빠뜨림으로써, (다소 무리하게) 비극을 형성하는 『햄릿』의 "트라우마"를 복제해내려 애쓰고 있다. 물론 자연스럽게 『햄릿』 비극을 이끄는 가장 중요한 두 가지 테마로 이끌기 위한 수순이다. "복수지연"과 "카타르시스." 햄릿은 클로디어스를 죽일 기회를 두 번이나 지연함으로써 자신의 비극을 강화하는데, 이는 카이사르를 죽일 기회를 두 번이나 저버리는 키케로의 우유부단으로 재현되며, 햄릿의 자결을 통한 궁극적 승리의 비전, 즉 카타르시스는 키케로가 카이사르의 부총독 지위를 거부하고 그로 인해 자신의 멸망을 "스스로" 선택하는 과정과 오버랩될 수밖에 없다.

그렇다면 로버트 해리스가, 입지전적 위인전을 표방한 『임페리움』과 달리, 고전비극의 구조까지 인용해가며 『루스트룸』을 비극적 서사극으로 만들려고 한 이유는? 그에 대한 대답은 이미 그가 소설의 대문에 걸어둔 J. G. 패럴의 인용문으로 분명해진다.

우리는 과거시대를 단순히 우리를 위한 준비과정으로 여긴다……. 하지만 우리가 그 시대의 잔광(殘光)에 불과하다면?

역사소설이 역사를 다루는 한, 역사를 바라보는 작가의 의도와 관점에 영향을 받을 수밖에 없다. 예를 들어, 『다빈치 코드』의 댄 브라운이나 버나드 콘웰 등이 역사의 극적 재미에 방점을 두는 반면, 『운명의 날』의 데니스 루헤인처럼 허구를 통한 역사의 재해석에 무게를 두는 경우도 있다. 로버트 해리스는 후자의 경우에 가까우나, (적어도 토니 블레어 전 수상의 친미적 경향을 정면으로 꼬집은 『고스트라이터』 이후부터는) 현실사회 및 정치에 대한 비판적 언급이 많아지는 분위기다. 『임페리움』은 물론, 『루스트룸』을 통해, 현대의 영국, 아니, 작금의 대한민국 현실에 빗대어도 전혀 낯설지 않은 정치, 사회 상황이 자주 눈에 띄는 것도 그 때문이리라.

"저들은 자신의 부를 자랑하면서도 왜 사람들이 증오하는지 전혀 모른다. 미트라다테스를 끝장내지 못한 루쿨루스가 저 정도 부를 축적했으니 폼페이우스가 누릴 부야 어디 상상이나 가겠느냐?" 상상은 가지 않았지만 원치도 않았다. 그저 역겹기만 했다. 그 푸르른 날 아침, 저택으로부터 멀어지면서, 그런 식으로 부를 축적하는 행위가 그렇게 덧없게 느껴졌던 적도 없었다.

『루스트룸』, 그리고 J. G. 패럴의 인용문을 통해 드러난 작가의 역사관은 비관적이고 비극적이다……. 역사가 진보하느냐고? 개소리! 역사는 진보하지 않는다. 다만, 시대마다 조금씩 외양의 차이가 있을 뿐 동일한 구조 및 패턴으로 무한히 반복될 뿐이다. 열성적인 노동당 지지자였던 그에게 토니 블레어 정부가 큰 실망을 준 덕분인지, 그 후 그의 소설에 드러난 재벌과 군벌들의 부정축재와 폭력과 후안무치, 그리고 민중들의 무지하고 몽매한 모습은, 2000여 년을 훌쩍 뛰어넘은 현대 영국은 물론 작금의 우리 현실과도 너무도 흡사하다.

그렇다. 해리스는 "우리가 과거시대의 잔광(殘光)에 불과하다면?"의 대답을 구하고 싶었다. 그리고 그에게는 『루스트룸』과 『햄릿』을 거쳐 현대시대에 이르기까지, 겉모습이 아무리 바뀐다 한들, 결국 역사를 지배하는 것은 (이성이 아닌) 비합리이자 광기이며 그런 식의 "비극 구조"는 늘 그렇게 반복되었다.

후기가 다소 무겁기도 하고 또 이 짧은 지면을 통해 소개하기에도 무리겠다는 생각도 했으나, 작가가 안배해둔 숨은 구조인 이상 어떤 식으로든 소개해야 할 것 같았다. 물론, 『루스트룸』은 기본적으로 역사소설이자 정치스릴러이며 그것만으로도 충분히 매혹적인 작품이다. 하지만 재미있지 않은가? 그리스 숭배자인 키케로의 비극을 그리스 비극의 형식을 빌려 풀어내는 작가의 발상이!

로버트 해리스, 데니스 루헤인, 버나드 콘웰 등을 중심으로, 최근 몇 년간 번역 작업의 50퍼센트 이상이 역사소설이었다. 지금도 대규모 역사 시리즈물을 준비 중인 데다 어느 장르를 제일 좋아하느냐는 담당 편집자의 질문에, 주저 없이 역사소설이라고 대답할 만큼, 역사소설이나 팩션에 빠져 있는 요즘이다. 아마도 소설이 갖는 극적인 재미 외에도 (어느 역사서만큼이나 사실적인) 역사의 서스펜스까지 함께 누릴 수 있기 때문일 것 같다.

역사소설의 작업은 번역자로서는 큰 모험일 수밖에 없다. 단순한 영어 이해력과 우리말 표현능력을 넘어선 전문적 영역은 늘 남아 있기 때문이다. 사실, 그런 점에서 전편『임페리움』은 항상 아쉬움과 안타까움의 대상이었다.『루스트룸』은 버나드 콘웰의 군빌 시리즈를 작업할 때도 마찬가지로 어러분들의 도움을 받았다. 특히, 원고를 꼼꼼히 읽으시고 당시 로마 시대의 현실과 맞지 않는 용어 및 사실들을 하나하나 올바로 잡아주신 서승일 님께 누구보다 감사드리고 싶다. 그분이 아니었으면『루스트룸』은 역자의 무지만을 드러낸 또 한 편의 졸작이 되고 말았을 것이다. 그리고 버나드 콘웰의 역사소설에 이어 이번에도 고유명사의 우리말 표기를 도와주신 박종성 님께도 진심으로 감사드린다.

『윈터킹』

『윈터킹』의 의뢰를 받으면서 처음 든 생각은 "또 웬 아서?" 였다. 그도 그럴 것이 몇 년 전 제리 브룩하이머 사단이 『킹 아서』 를 제작-상연할 때까지, 우리나라에 소개된 아서의 이야기들은 수도 없이 많았고 내용 또한 우리에게 잘 알려진 신화 및 판타지 에서 크게 벗어나지 않았다. 그 덕분에, 아주 머나먼 나라의 아주 먼 옛날이야기임에도 불구하고, (최소한 부분적으로나마) 원탁의 기사 아서왕의 전설을 모르는 독자는 거의 없을 것이다. 예를 들 어, 저자의 말마따나, 토마스 말로리 경의 『아서의 죽음』을 원형 으로 하는 가장 일반적인 줄거리는 다음과 같다.

고대 영국에 아서라는 소년이 있었다. 그는 마법사 멀린의 도움으로 돌에서 엑스칼리버라는 명검을 뽑아 왕이 되고, 후에 귀니비어라는 여자와 결혼, 캐멀롯으로 알려진 놀라운 궁전을 짓 는다. 그리고 그곳에서 그와 용감한 기사들은 원탁에 모여 용을 물리치고 성배를 탐색하기로 한다. 아마도 이야기의 대부분이 성배 탐색에 집중되어 있을 것 같다. 아무튼 이야기 후미로 가면서, 아서는 왕비 귀니비어와 정을 통한 수석기사 랜슬롯에게 배신당하고, 그 후 다시 서자 모드레드와의 재회와 불화라는 일련의 과정에서 마침내 살해당하고 만다. 이야기의 끝은 후일 부활을 기약하기 위해 아서의 시신이 마법의 땅 아발론으로 떠나는데, 그때 호수에 던져진 엑스칼리버를 신비의 여인 손이 나타나 잡는 것으로 되어 있다.(아, 혹자는 워털루 전투에서 나폴레옹을 물리친 웰링턴 공작을 그의 현신이라고 주장하기도 한다. 그의 이름이 아서 웰즐리이기 때문인데 그야 모를 일이다.)

『윈터킹』을 필두로 하는 군벌(軍閥) 3부작을 통해, 『반지의 제왕』식의 판타지를 기대했다면 다소 실망할 수도 있겠다. 그러니까 디즈니 애니메이션 『아서 왕 이야기』(1963년)를 피터 잭슨의 상상력과 CG 기술로 뻥튀기해놓은 그런 줄거리 말이다. 사실 저자 버나드 콘웰의 고백처럼, 3부작 어디에도 화려한 마법이나 불을 뿜는 용들, 심지어 성배를 찾는 기사들조차 없다. 하지만 그럼에도 불구하고, 난 소설의 마지막 페이지를 우리말로 옮기면서까지 온몸에 짜릿한 전율을 느껴야 했다. 판타지라기엔 너무나 역사적이고, 그러면서도 역사보다는 판타지에 가까울 수밖에 없기 때문일까? 이 소설은 그동안 작업해온 그 어떤 소설과도 달랐다. 어쩌면 아마존 독자평의 만점 비율이 90퍼센트에 가까운 기적의 비밀도 그 때문일지 모르겠다.

버나드 콘웰의 군벌 3부작 중 첫 번째 『윈터킹』은 근본적으로 역사소설이다. 하지만 역사가 없는 시대의 기록이라는 점에서, 그리고 기존의 판타지를 기반으로 엮어낸 역사라는 점에서 이 소설은 동시에 판타지이기도 하다. 비록 화룡이 불을 뿜고, 멀린이 천지개벽의 마법을 일으키지는 않지만, 그럼에도 불구하고 소설은 영화 『반지의 제왕』에 맞먹는, 아니 어쩌면 그보다 훨씬 혹독한 야만과 공포와 엄청난 판타지와 만나게 될 것이다. 게다가 이 소설엔, 지금껏 아서의 이야기에서 그 누구도 개의치 않았던 역사가 있다. 영국 역사상 가장 원시적이고, 야만적이고, 잔혹했던 역사. 때문에 "방패벽"으로 대변되는 이 시대의 싸움은, 기존 아서 전설이 상징했던, 기독교적 칠거지악과의 우화적이고 낭만적인 싸움이 아니라, 정말로 "암흑의 시대"이기에 가능했으며, 그로 인해 그 이후 어느 지상의 역사도 목격하지 못했을 정도로, 무차별적이고 무자비하기만 하다. 그리고 무엇보다 이 소설엔 그 야만의 시대를 살며 죽음보다 더 고통스러운 삶을 견뎌내야 했던, 진짜 사람들이 있다. 이상적이고 정의로우며 이따금 어리석기까지 한 아서, 과거마저 의심스러운 요부 귀니비어, 이따금 주책없는 늙은이로까지 보이는 멀린 등은, 이제 더 이상 정의와 순수 따위의 이념을 알레고리한 밋밋한 신화소들이 아니다. 아마도 여러분들은 책을 덮은 후에도 오랫동안, 이 책의 화자이자 전사인 데르벨, 기이한 운명의 여제사장 니무에, 불운한 왕자 전사 갤러해드는 물론, 돼지우리에 갇혀 사는 광인 왕 펠리노르에 난쟁이 수비대장 드루이단까지 등장인물들 하나하나를 잊지 못한 채, 아련한 그리움에 젖게 될 것이다.

소설을 번역하는 사람들에게 역사소설은 사실 무덤과도 같다. 소위 역사소설엔 역사 고증은 물론 (특히 이 소설처럼) 지금은 존재하지도 않는 언어를 우리말로 표기해야 하는 문제들이 과외로 따라붙기 때문이다(세상에, 이놈의 걸작엔 켈트어는 물론, 고대 로마, 웨일스, 갈리아, 색슨, 고대 아일랜드 등 수없이 많은 인명과 지명이 등장한다!). 번역자들이라고 그런 전문적인 문제에 정통할 리가 없지만, 그렇다고 대충 처리해버릴 경우 후에 엄청난 비난을 감수해야 한다. 지금까지 몇 번의 역사소설을 작업하면서 뼈저리게 깨달은 교훈이다. 결국 『윈터킹』은 수많은 분들께 도움 이상의 도움을 청해야 했다. 그분들의 도움이 없었다면 난 도중에 작업을 포기하고 말았을 것이다.

가장 큰 문제는 물론 인명과 지명의 표기였다. 로마 표기까지도 우리말 표기원칙이 있건만, 5세기 브리튼의 잡다한 고대어들을 우리말로 제대로 옮길 방법은 어디에도 없는 듯보였다. 나름대로 아일랜드어 표기 규칙을 정한 '예이츠 학회'도 들락거렸으나 표본수도 절대적으로 부족한 데다 원칙도 모호하기만 했다. 작가 버나드 콘웰 사무실에 문의한 결과도 실망스럽기는 마찬가지였다. 그곳에서 보내온 표기 실례 역시 무원칙하고 표본수도 턱없이 부족했다. 그런 점에서, 이 책이 나올 때까지 나보다 더 고생했을 것 같은 분이 바로 프랑스에 거주하는 박종성 군이다. 평소에도 외국어를 우리말로 정확히 옮기는 데 관심이 많아, 그 분야를 전문적으로 연구하는 블로그도 운영하지만, 이 일은 처음부터 원칙을 연구하고 확립해가야 하는 일이었다. 나중에 들은 바로는 참고하지 않은 자료가 없고 찾지 않은 도서관이 없었다고 한다. 정 이해가 가지 않는 부분은 잘 아는 하버드대학 교수님께 문의했다는 얘기도 들었다. 게다가 그는 단순히 우리말 표기를 적는 데 그치지 않고, 그 표기를 위해 그간 연구해온 원칙들까지 정리해 보내주었다. 그 또한 줄여서 부록으로 수록할 생각인데, 그의 연구가 완벽하든 완벽하지 않든 간에, (내가 아는 한) 고대 브리튼을 무대로 한 다양한 언어군의 우리말 표기원칙을 체계적으로 정리한 최초의 시도였다는 사실만으로 큰 의미가 있다고 확신한다. 비록 먼 타향에 거주하지만, 언제나 건강하고 행복하기를 지면을 빌려 다시 한번 빌어본다.

이번 소설의 경우 역사 고증도 만만찮은 고민거리였지만, 어쩌면 저자의 말처럼, 역사 자료가 없는 시대의 기록인데다, 아서 이야기 자체가 시대착오의 온상이라는 점에서, 오히려 쉽게 해결된 측면이 없지 않다. 솔직히 말해 방법이 없었다는 얘기다. 아무리 수소문해도 우리나라에선 그 시대 브리튼의 역사소설을 고증할 분은 없는 듯했다. H대학의 영문과 교수로 있는 친구에게 문의했지만, 아서는 역사가 아니라 신화라는 한마디 말로 정리해주었다. 결국 부족한 부분은 나 스스로 참고문헌을 뒤져 확인할 수밖에 없었다. 그리고 그 점에 대해서도 동대문 시립도서관 사서

이신 심혜경 선생님께 감사드리고 싶다. 내 사정을 들으시곤, 기꺼이 도서관 자료를 모두 찾아 택배로 한 보따리 보내주셨으니 말이다. 마지막으로 내 이메일들에 친절한 답변을 보내주신 버나드 콘웰 사무실에도 감사드린다.

하지만 그 모든 어려움에도 불구하고(도중에 150페이지 분량의 번역을 날려 다시 작업해야 했던 것까지) 내게는 너무도 의미 있고 즐거운 작업이었다. 무엇보다 소설이 주는 감동 때문이겠지만, 이번 작업을 해나가면서 소설 번역쟁이로서도 여러 가지 느낀 점이 많았다. 책꽂이엔 이미 『윈터킹』의 속편, 『신의 적(Enemy of God)』과 『엑스칼리버(Excalibur)』 원고가 꽂혀 있다. 두 소설 역시 한시라도 빨리 세상에 내보내고 싶다.

『자살의 전설』

팀 버튼 감독의 『빅 피쉬』에서 가장 인상적인 장면이라면, 아들 월이 아버지 에드워드 블룸의 언어로 아버지의 임종 이야기를 "만들어가는" 과정이다. 덕분에 에드워드는 자신의 삶, 아니 더 정확히는 삶의 "해석 및 선택"에 정당성을 부여받고, 실존 거인과 늑대인간과 마녀 등등의 환송을 받으며 행복하게 "빅 피쉬"로 돌아간다. 이는 동시에 리얼리스트 월 블룸이 "실재"를 버리고 "예술"을 받아들이는 순간이기도 하다. 애초에 사실은 존재하지 않는다. 오로지 사실의 해석들만이 존재하며 누구나 그중 하나를 선택해야 한다. 예술은 바로 그 순간에서 출발한다. 가능적 수준에서의 해석을 사실로 인정하는 그 순간.

『빅 피쉬』와 데이비드 밴의 『자살의 전설』은 많은 점에서 닮았다. 외형적으로도 아버지의 죽음을 계기로 그의 실체를 추적하는 모양새지만, 본질적으로도 공히 "예술"의 가치와 가능성을 끊임없이 타진하기 때문이다.『자살의 전설』은 다섯 개의 단편과 한 개의 중편을 모아놓은 선집으로, 모두 30년 전 작가 자신의 아버지가 자살한 사건과 그 사건에 관련해 자신의 죄의식을 다룬다. 재미있는 사실은, 단편 및 중편이 똑같이 회고록을 형식으로 채택하고 있지만 그럼에도 불구하고 서로 다른 이야기를 하고 있다는 점이다. 아니, 중편에 해당하는 「수콴 섬」에서 보듯 실제 있던 사건과도 거리가 멀다. 작가 자신이 수콴 섬에 가본 적도 없고 아버지와 함께 섬에서 지낸 적도 없다고 고백하지 않았던가. 데이비드 밴은 픽션의 새로운 형식을 창안해냈다는 사실만으로도 문단의 찬양을 받고 있는데,『자살의 전설』역시 선집 전체가 형식만 고인에 대한 회고록일 뿐 처음부터 허구의 영역에 닿아 있다. 요컨대, 회고를 상상했다는 얘기겠다. 그리고 바로 그 방법으로 『빅 피쉬』의 윌이 아버지의 허구를 창조해 아버지를 되살렸듯, 데이비드는 회고의 실재보다 해석의 가능성을 택하는 방식으로 아버지를 부활시킨다.

10년간 이 책을 쓰는 동안, 아버지는 다양한 방식으로 내게 살아 돌아오셨다. 자살에 따른 사별은 수치와 분노, 죄의식과 부정 따위가 복잡하게 얽힌 기나긴 역정이나, 책을 쓰는 행위는 치유 이상의 치유가 되어주었다. 허구의 세계에서 우리는 가장 추악한 삶조차 감내하고 아름다운 대상으로 치환할 수 있다. 동시에 어떤 점에서는 죽은 자를 되살리기도 한다. (2010년『더뉴요커』인터

뷰 중에서)

　『자살의 전설』을 읽는 방법이야 아버지의 죽음을 바라보는 작가의 상상력만큼이나 다양하겠다. 서로 다르면서도 동일한 6개의 에피소드를 받아들이는 방식 역시 독자들의 몫이라고 믿는다. 다만 독자로서의 역자에게, 제일 인상적이면서도 동시에 고통스러웠다면, 아무래도 작가의 독특한 서술방식과 문체라고 할 수 있다. 특히 「수콴 섬」에서의 집요한 일상 묘사와 「높고 푸르게」에서와 같이 인과관계를 완전히 무시한 전개는 당혹스러울 정도였다. 어쩌면 그렇기에 무지한 역자의 지적 호기심을 그렇게 부채질했을 수도 있겠다. 이제 예비독서와 번역과 초교와 역자 교정에 후기까지 마친 지금으로서는, 부디 이 졸역이 작가의 문체와 독특한 상상력을 이해하고 즐기는 데 누가 되지 않았으면 하는 마음뿐이다. 더불어, 혹시 놓친 분이 있다면, 팀 버튼의 『빅 피쉬』도 돌아보시기를.

　『자살의 전설』은 데이비드 밴의 데뷔작으로 '그레이스 팔리' 상을 비롯해, 크고 작은 10여 개의 상을 수상했으며 현재 20여 개 국어로 번역 출간되었다.

『메신저』: 더 비기닝(The Beginning)

　　『메신저』는 로이스 로리의 SF 삼부작,『기억전달자』,『파랑
채집가』의 마지막 편이자 완결판입니다. 로이스 로리는 뉴베리상
을 두 번이나 수상한 최고의 청소년문학 작가로, 이 삼부작의 출
발인『기억전달자』가 그 두 번째 수상작이었죠(1993년). SF 삼부
작을 통해, 로리는 미래의 가상사회를 만들어놓고 우리로 하여금
그 가능성과 의미를 생각하게 합니다. 이미 읽으셨겠지만,『기억
전달자』는 질서와 안정을 최우선으로 여기는 철저한 통제사회였
죠. 작가는 아마도 획일적 통제를 통한 이상과 완벽의 추구가 얼
마나 위험하고 허망한지를 경고하려 했을 겁니다.『파랑채집자』
는 그와 반대로 핵전쟁 이후 폭력과 폭압이 판치는 야만사회였습
니다. 이제 로리는『메신저』를 통해 두 세계의 장점만을 적절하
게 모아놓은 또 다른 세상 이야기를 들려줍니다.

　　조금 전『메신저』를 삼부작의 완결판이라고 했지만『기억전

달자』와 『파랑채집가』를 읽지 않으면 내용 이해가 어렵다는 뜻은 아닙니다. 물론 두 소설의 주인공, 조나스와 키라가 등장하고, 『파랑채집가』의 맷이 "맷티"라는 이름의 주인공이 되어 나타나기는 합니다. 하지만 로리의 SF 삼부작은 사람이 아니라 사회에 대한 이야기이므로, 반드시 두 소설을 읽을 필요는 없습니다. (아, 순서대로 읽으면 당연히 조금 더 친숙하고 재미도 더 커질 겁니다.)『메신저』를 삼부작의 완결판이라고 한 이유는, 앞의 두 소설이 그려내는, "비정상적인" 사회에서 쫓겨나거나 탈출한 사람들이 모여 아주 "멋진" 사회를 만들었기 때문입니다. 맷티를 비롯해 지도자 조나스, 보는자까지, 『메신저』의 주인공들은 모두 과거 세계와 자신들의 상징적인 죽음을 거쳐 이곳 『메신저』의 세상에서 부활하죠. 바로 상처받고 버림받은 사람들을 돌봐주고 서로 사랑하고, 또 표현과 행동의 자유가 보장된 세상입니다. (그들 자신이 버림받고 사랑받지 못했던 사람들이기에 그런 멋진 세상을 만들 수 있었겠죠?) 하지만 로리는 바로 그 "멋진" 사회마저 해부하고 실험하려 합니다.

『메신저』는 사실 SF보다는 판타지에 가깝습니다. 무엇보다도 전편의 두 세계와 달리, 현재 우리가 사는 자유세계와 무척이나 닮아 있기도 하지만 과거 상징적으로만 존재하던 주인공들의 초능력이(예를 들어 조나스는 너머를 보고 키라는 미래를 봅니다. 맷티는 치유능력이 있죠) 실제로 소설의 가장 중요한 요소로 기능합니다. 그뿐 아니라 『메신저』의 숲은 실제로 살아 있는 인격체처럼 생각하고 변화하며 심지어 상대를 골라 공격까지 합니다. (원서에서도 "Forest"의 첫 글자를 대문자로 표현함으로써 숲을 특별한 등장인물로 그리고 있답니다.) 그리고 조언자를 비롯한 마을 사람들의 외모와 성격이 점점 (물리적으로) 바뀌는 점도 우리한테는 눈여겨볼 판타지 요소가 될 것입니다. 물론 판타지 소설이 대개 그렇듯, 『메신저』는 전작에 비해서도 우화와 상징이 많이 등장한답니다. 예를 들어, 거래장에서 이루어지는 "거래"는 어떤 의미일까요? 사람들이 빈손으로 왔다가 뭔가를 얻어가지고 간다는 설정은 어떻게 나온 거죠? 또 숲은 왜 점점 짙어지고 사람들의 길을 막는 걸까요? 친구 라몬의 병을 통해 작가 로리는 실제로 어떤 얘기를 하고 싶은 거죠? 이 소설이 전편보다 조금 더 어렵고 낯설게 느껴진다면, 그건 우리가 이해해야 할 상징들이 더 많아졌기 때문일 겁니다.

조금 전에 지적했듯, 『기억전달자』와 『파랑채집가』의 세계에서 방출되거나 탈출한 사람들이 만든 미래사회이기는 해도, 『메신저』야말로 두 소설보다 지금의 우리 세계와 닮았습니다. 실상이야 어떻든 자유세계는 표현과 행동의 자유를 보장하고, 아프고 약하고 가난한 사람들을 돌보며, 또 능력과 노력에 따른 개인의 성공을 보장하고 싶어 하니까요. 그런 의미에서 본다면 거래장은 그런 이념을 위협하는 현대 물질문명의 비판으로 읽을 수 있을 겁니다. 조언자처럼, 외모와 소유에 집착하는 순간 우리의 마음과 마을은 닫히고 결국 이기적이고 배타적인 공간으로 떨어지고 말겠죠. 마을 사람들이 벽을 쌓거나 숲이 스스로 길을 닫는 것도, 결국은 우리들의 가장 소중한 이념을 화려한 옷이나 게임기 따위와 바꿔주는 거래장의 물질만능주의가 원인일 것 같네요. 로리가 이 책을 판타지로 만들려고 한 것도 그 때문이 아닐까요? 그렇지 않으면 『메신저』는 청소년문학이 아니라 사회고발 소설이 되고 말 테니까요.

하나만 더 생각해보기로 해요……. 작가 로리가 그리고자 했던 세상이 현재 우리 사회의 모습이라면, 그래서 과도한 시장경제로 인한 개인화, 물질화를 우려해 나름대로 "치유방법"을 제시하려 했다면, 『메신저』는 삼부작의 완결판일 뿐 아니라 동시에 출발점이기도 합니다. 그러니까 요즘 유행하는 『스타트랙: 더 비기닝』, 『배트맨 비긴스』처럼 말입니다. 어쩌면 작가는 먼저 『기억전달자』와 『파랑채집가』에서, 우리 인류가 직면한 미래 사회의 두 가지 모형을 제시하고, 마지막 소설 『메신저』에서 우리들에게 그 위험을 경고하는 동시에 어떻게든 우리 세계의 병폐들을 "치유"하고자 했다는 뜻입니다. 만일 조언자 무리들이 벽을 세우고, 숲이 완전히 길을 닫아버리고, 조나스와 키라가 만나지 못했다면, 맷티의 마을은 어떻게 되었을까요? 자신과 다르거나 자신들이 세운 기준에 적합하지 않다는 이유로 사람들을 쫓아내거나(『기억전달자』), 아니면 서로 싸움을 벌여 결국 황폐한 황무지가 되지 않았을까요(『파랑채집가』)? 그래서 지도자를 비롯한 주인공들이 모두 "보는자"여야 했을 뿐이 아니라(맹인아저씨는 물론 조나

스와 키라 역시 "너머를 보고," 또 "미래를 보는자"였죠), 모두가 피폐한 미래사회에서 온 사람들이어야 했을지도 모릅니다. 그런 식의 물질문명과 이기주의가 미래에 어떤 사회를 낳을지 알아야 하니까요.

이 세상을 "치유하기 위해" 로리가 내놓은 해결책이 대화나 포용력일 수도 있고, 아니면 (조나스와 키라의 결합으로 상징되는) 사랑일 수도 있습니다. 아니면 또 다른 뭔가가 있을 수도 있겠죠. 어떤 책이나 마찬가지겠지만, 궁극적인 해석은 항상 여러분의 몫이어야 합니다. 『메신저』는 우화와 상징이 많은 소설입니다. 얼마든지 여러분이(개인으로든 단체로든) 문제를 제기하고 또 해답을 고민해볼 수 있을 겁니다. 예를 들어, 주인공 맷티의 진짜 이름은 "치유자"입니다. 하지만 그가 원했던 이름은 메신저, 즉 "소식 전달자"였죠. 그 두 이름은 어떤 관계가 있을까요? 맷티는 마지막에 땅에 손을 댔지만 그건 상징적인 행동에 지나지 않을 수도 있습니다. 그가 세상을 "치유"하기 위해 한 궁극적인 행동은 어떤 것이었죠? 또 숲은 여러 의미로 해석될 수 있지만 처음부터 마을 사람들은 숲을 두려워합니다. 이유가 뭘까요? 그밖에도 여러 가지 방법이 있겠지만, 『메신저』를 현재 우리 사회와 비교해보는 것도 의미가 있을 겁니다. 우리 사회는 어떤 장점과 약점이 있죠? 우리 사회의 장점을 지키고 단점을 치유하기 위해 우리가 해야 할 일은 뭘까요?

여백을 번역하라

초판 1쇄 | 2018년 8월 20일 발행
초판 2쇄 | 2019년 9월 25일 발행

지은이 | 조영학

펴낸이 | 김현종
펴낸곳 | (주)메디치미디어
등록일 | 2008년 8월 20일 제300-2008-76호
주소 | 서울시 종로구 사직로 9길 22 2층(필운동 32-1)
전화 | 02-735-3315(편집) 02-735-3308(마케팅)
팩스 | 02-735-3309
전자우편·원고투고 | medici@medicimedia.co.kr
페이스북 | medicimedia
홈페이지 | www.medicimedia.co.kr

책임편집 | 정소연 이상희
디자인 | this-cover.com
마케팅 홍보 | 고광일 김신정
경영지원 | 조현주 김다나

인쇄 | 한영문화사

ⓒ 조영학, 2018

ISBN 979-11-5706-129-7 03700